CW01663411

En couverture : Georges Simenon (circa 1968) © Horst Tappe.

© Éditions Alexandrines, réédition 2019.
31, rue Ducoüédic, 75014 Paris. Tél. : 01 45 44 21 40
Coll. : Le Paris des écrivains – ISSN 2428-2855

www.alexandrines.fr

Le PARIS de Simenon

LE PARIS DES ÉCRIVAINS

Jean-Baptiste
Baronian

Le PARIS de Simenon

Éditions
Alexandrines

SOMMAIRE

LA CONQUÊTE DE PARIS

Une histoire d'amour

En 1922, Georges Simenon n'est âgé que de dix-neuf ans et peut déjà s'enorgueillir d'être à la *Gazette de Liége*[1] un journaliste de terrain, qui n'arrête pas de battre les pavés de sa ville natale, de rencontrer une foule de gens dans tous les milieux et toutes les couches de la population.

Ses billets et ses articles, la plupart sur les « nouvelles du jour » et les menus incidents survenus à Liège et alentour, il les signe tantôt Georges Sim, tantôt Monsieur Le Coq. Et quoique la *Gazette* soit le quotidien habituel de la bonne bourgeoisie catholique de Liège, il les rédige avec un curieux mélange d'impertinence, de malice et d'humour, et montre par là qu'il a non seulement des idées, mais une plume – une jolie plume, une plume alerte et agréable. D'ailleurs, il voudrait en vivre.

Il voudrait surtout publier des livres, beaucoup de livres. À compte d'éditeur, bien entendu.

Et non plus à ses frais. Ce qui a été le cas du *Pont des Arches*, « petit roman humoristique des mœurs liégeoises », qu'il a fait paraître l'année

1. Liége est l'ancienne graphie de la ville et de la province de Liège. Fondée en 1840, la *Gazette de Liége* a disparu en 1969. Aujourd'hui, ce titre est celui des pages de *La Libre* (naguère *La Libre Belgique*) consacrées à l'actualité régionale.

précédente et dont le titre renvoie non seulement au principal pont reliant le centre de la ville au quartier populaire d'Outremeuse, mais aussi à l'enseigne d'un pharmacien spécialisé dans les pilules purgatives pour pigeons. Quelque chose entre Georges Courteline et Bernard Shaw. Ni tout à fait français, ni tout à fait *british*.

Ce qui a également été le cas de *Ridicules*, une mince plaquette de vingt-quatre pages tirée à une douzaine d'exemplaires à peine pour les « étrennes » de « ma Régine ».

Régine Renchon, il l'a rencontrée à La Caque, un petit cénacle de jeunes rapins et littérateurs formés sur le tas pour conjurer la « grande hébétude » provoquée par la guerre de 1914-1918. Ils se sont autoproclamés « compagnons de l'Apocalypse » et se réunissent au fond d'une impasse obscure, rue des Écoliers, justement à Outremeuse où ils passent leur temps à refaire le monde. Parmi eux se trouvent Robert Denoël, le futur éditeur à Paris du *Voyage au bout de la nuit* et des pamphlets de Louis-Ferdinand Céline, Auguste Mambour, dont les premières peintures géométriques font scandale, Luc Lafnet qui aime les sujets qu'on qualifie en général d'osés et qui illustrera de nombreux livres licencieux, Robert Crommelynck, le frère de Fernand Crommelynck, l'auteur de la célèbre pièce *Le Cocu magnifique*... Et puis un anarchiste sépulcral du nom de Joseph Jean Kleine, dont le destin tragique sera évoqué par Simenon dans une des toutes premières aventures du commissaire Maigret en 1931, *Le Pendu de Saint-Pholien*.

Régine est étudiante des Beaux-Arts. Simenon, de trois ans son cadet, s'est senti aussitôt attiré par elle et a tout de suite décidé qu'elle serait sa femme. Il lui a trouvé une palette de surnoms tendres et affectueux : Gigi, mon petit ange, ma gosse, ma chère gosse, mon petit poïon (poussin en wallon), Tigy...

Il ne lui cache rien et elle lui dit tout. Il lui répète qu'il a la rage d'écrire et elle lui avoue qu'elle a la rage de peindre. Il lui dit qu'il veut aller à Paris, que son ambition, une ambition dévorante, irrésistible, consiste à offrir ses services à des éditeurs et des directeurs de journaux et de magazines, à se faire connaître dans le landerneau, à devenir riche et célèbre grâce à ses livres, à rivaliser avec ces gloires de la littérature, qui s'appellent alors Anatole France, Claude Farrère, Colette, Marcel Prévost, Henri Duvernois, René Bazin ou Henri de Régnier.

Tigy dit qu'elle souhaiterait, elle, se mêler au milieu – forcément coloré et bigarré – des artistes installés à Paris, à Montmartre ou du côté de Montparnasse, Maurice Vlaminck, Maurice Utrillo, Raoul Dufy, André Derain, Kees Van Dongen et tous les autres, dont il est constamment question dans la presse.

En somme, de conquérir Paris. Le rêve de tout écrivain, de tout peintre en herbe. Il en va ainsi depuis que Balzac, dans *Le Père Goriot*, a décrit son fameux personnage Eugène de Rastignac et lui a mis dans la bouche ces quatre mots *grandioses*, mille et une fois repris, lancés à l'adresse de Paris, comme si Paris était un être de chair et de sang, des hauteurs du Père-Lachaise : « À nous deux maintenant. »

Qu'est-ce qui pourrait contrecarrer le rêve des deux amoureux ? Qui pourrait les retenir à Liège ?

La famille ?

L'année précédente, Simenon a perdu son père, foudroyé par une crise cardiaque à sa table de travail à l'âge de quarante-quatre ans – son père qu'il chérissait et qu'il admirait, son père qui ne l'aurait sûrement pas empêché d'aller tenter sa chance à Paris. Par contre, ses relations avec sa mère ont toujours été très compliquées, très tendues. Il est convaincu qu'elle n'a aucune affection à son endroit, qu'elle lui préfère Christian, son frère né trois ans après lui, qu'elle se soucie peu de son sort et qu'elle se moque de savoir s'il embrassera ou non la carrière d'écrivain.

Les parents de Tigy, pour leur part, n'ont en tête que le bonheur de leur fille. Au début, ils ont regardé d'un œil méfiant ce jeune Simenon, effarouchés par son anticonformisme, son esprit d'indépendance et son bagout, et ont même interdit à Tigy de le voir et de se montrer en public avec lui. Puis ils ont fini par l'adopter sans réserve, encore que ce couple d'athées n'ait pas aimé que leur fille se mette à suivre des cours accélérés de catéchisme pour pouvoir épouser son fiancé à l'église...

Comme chez soi

Le 29 octobre 1922, Simenon, qui vient d'achever son service militaire, a l'occasion d'aller à Paris, pour la première fois de sa vie, au sein d'une délégation de journalistes belges qui sera accueillie par les autorités militaires françaises et se rendra notamment à l'Arc de triomphe. Comme il a pris l'habitude d'écrire de très nombreuses lettres à Tigy depuis leur rencontre, en 1920, lors du réveillon de la Saint-Sylvestre, il lui communique aussitôt et sur le ton le plus direct ses premières « impressions ».

« Paris ne m'a pas étonné, écrit-il. Dès la

première minute, je m'y suis trouvé comme chez moi. Pas une hésitation – pas la moindre curiosité. J'étais bien, j'étais content d'être là et pas ailleurs –, je ne demandais et je ne demande encore qu'à y rester toujours. [...] Et j'ai cheminé des heures durant. Je suis allé aux quatre coins de la ville, dans tous les quartiers. J'ai bouquiné à ton intention – avec une certaine volupté en songeant à Anatole France – au quai Malaquais, vis-à-vis du pont des Arts. [...] Encore une fois, je suis bien – j'y veux rester. Mais pas de lyrisme quant au mouvement – qui [ne] me paraît pas plus intense que cela, quoique j'aie parcouru les grands boulevards et les grandes avenues en plein midi –, pas d'admiration historique pour les monuments que j'avais admirés au cinéma. / Non, tout va bien – je me plais bien ici. Nous nous y plairons davantage. Nous y serons heureux tout plein[2]. »

La délégation loge à l'hôtel Moderne, place de la République, un établissement pour les « petites bourses », ainsi que le renseigne le guide Conty. C'est sur un papier à lettres à l'en-tête de cet hôtel que Simenon écrit de nouveau à Tigy le 31 octobre, cette fois pour lui dire qu'il est « instructif de parcourir Paris en quémandeur » auprès de la rédaction des grands journaux tels

2. Georges Simenon, *À la conquête de Tigy. Lettres inédites 1921-1924*, Julliard, 1995, p. 303-304. Ce volume contient quelque deux cent soixante-dix lettres.

que *Le Matin*, *Le Journal* ou *Le Petit Parisien*, qu'il compare à des « machines merveilleuses », où tous les collaborateurs sont « doublés, par assurance, par d'autres collaborateurs ». Il ajoute qu'il s'est « buté partout à des rédactions où il n'y [a] pas de place pour un rouage imprévu – pas même pour une poussière[3] », ce qui ne serait pas le cas, laisse-t-il entendre, à *La Gazette de Liége*.

Après être rentré à Liège à la Toussaint et y être demeuré cinq semaines, Simenon repart à Paris le 11 décembre afin de préparer sa future installation et prendre ses marques. C'est ainsi qu'il va d'abord voir, avenue Beaucour, le romancier de droite et chroniqueur franco-suisse Binet-Valmer, qui lui a été vivement recommandé par un ami de la famille.

Binet-Valmer est vice-président de la Ligue des chefs de section des anciens combattants, et c'est lui qui, en 1919, a eu l'idée du culte du Soldat inconnu. Magnanime et indulgent, il offre à Simenon le vague poste de « garçon de bureau » – besogne consistant à faire la tournée des nombreuses rédactions parisiennes (plus d'une quarantaine) et à leur remettre des communiqués de presse au nom de la Ligue. « C'est très bon », s'empresse d'écrire Simenon à Tigy. Et

3. *Ibid.*, p. 306.

de préciser : « J'ai une chambre à 75 francs, sur le boulevard des Batignolles, à Montmartre, mansardée, imagine. Dois me baisser – mobilier sommaire. Tes croquis sont déjà sur les murs[4]. »

Cette chambre se trouve à l'hôtel de Bertha, 1, rue Darcet, dans le 17e arrondissement, à deux pas de la place de Clichy. Dans une nouvelle lettre à Tigy datée du 16 décembre 1922, Simenon décrit le quartier qu'il habite : « Ici c'est Montmartre. Un grand boulevard très large. Partout alentour des "meublés". C'est un quartier de boutiques et de meublés. Le matin, beaucoup de mouvement quand toute une nuée de gens de toutes sortes s'abattent sur la ville. On mange au Biard [place Clichy], le coude sur le zinc. C'est délicieux, les croissants chauds ! Et le café est bon. Trois croissants et deux cafés nature. Telle est ma ration. Alors, je traverse le magnifique parc Monceau. Le quartier le plus chic à peu près de Paris. Et c'est aussitôt le faubourg Saint-Honoré. La Ligue des chefs de section est au fond d'une longue cour [...] où donnent une vingtaine d'hôtels particuliers. Vieille maison. Vieux bureaux. Désordre épique. Confortable quand même. On se chauffe au bois, ce qui est bien pittoresque[5]. »

4. *Ibid.*, p. 315.
5. *Ibid.*, p. 328-329.

Dans *Un homme comme un autre*, la première de ses vingt et une dictées publiée en 1975, Simenon s'est souvenu de l'hôtel de Bertha : « Jusqu'au troisième étage, l'escalier blanc est recouvert d'une moquette rouge. La moquette s'arrête au troisième [...]. On atteint ainsi les mansardes, et c'est sur une de ces mansardes au plafond en pente qu'une petite porte s'ouvre. [...] Un lit de fer. Un lavabo en bambou avec une cuvette ébréchée. Deux chaises. Pas de tapis. C'est tout[6]. »

L'escalier « blanc », la moquette « rouge » : Simenon, cela ne fait aucun doute, a fortement et durablement été marqué par ces détails. Sans quoi, il ne les aurait pas évoqués plus de cinquante ans après avoir séjourné dans cet hôtel qu'il faut bien qualifier de minable et qui a ainsi été son tout premier domicile parisien (si on excepte, bien entendu, les quelques nuits qu'il a passées à l'hôtel Moderne, place de la République).

Il serait vain toutefois de rechercher l'hôtel de Bertha (ou l'hôtel de la Bertha ou encore l'hôtel Bertha) dans son œuvre romanesque, pourtant riche de quatre cents titres et d'un millier de contes. Vain, également, de rechercher une quelconque mention de la rue Darcet,alors que

6. Georges Simenon, *Un homme comme un autre*, « Tout Simenon 26 », Omnibus, 1993, p. 418-419.

Simenon y cite près de huit cents différents artères, places et quartiers de Paris et que celui des Batignolles, construit en grande partie entre 1830 et 1850, est très présent et symbolise presque toujours la pauvreté ou carrément la misère, avec ses immeubles sordides, ses appartements tristes et sombres occupés par des familles d'ouvriers, ses cafés et ses bouges que fréquentent à toute heure du jour et de la nuit des petits trafiquants et des petites *frappes* – tout un monde de faits divers, de faits louches et crapuleux.

On remarquera à ce propos que la courte rue Darcet (il s'agit du nom des chimistes Jean et Pierre Darcet) aboutit à la rue des Dames, mentionnée, elle, à de nombreuses reprises par Simenon. Cela tient, semble-t-il, au fait qu'après avoir résidé, de la mi-décembre 1922 à mai 1923, à l'hôtel de Bertha, puis avoir vécu dix mois dans l'Allier en tant que secrétaire du riche marquis de Tracy (propriétaire, entre autres, du quotidien *Paris-Centre*), il est revenu dans le quartier des Batignolles et a habité avec Tigy (ils se sont mariés à Liège le 24 mars 1923) à l'hôtel Beauséjour, situé précisément au 42 de la rue des Dames, à cent mètres à peine de son premier meublé parisien.

« C'était à peu près, dit-il dans *Un homme comme un autre*, l'atmosphère de la rue Puits-en-Sock, la rue commerçante du quartier que j'habitais à Liège. Aux étages, des petites gens, des petits métiers, des tailleurs, des fabricants de fleurs artificielles, que sais-je ? Pendant les beaux jours, les fenêtres étaient ouvertes et tout cela formait un ensemble vibrant. On faisait partie d'un tout. L'hôtel lui-même était plein de vie et nous n'étions pas les seuls à préparer notre repas sur une lampe à alcool sur l'appui de fenêtre. [...] En dehors du lit, [la chambre] ne comportait qu'une armoire à glace en sapin verni, un évier de porcelaine et deux chaises. Pas de fauteuil. / Il y avait encore une petite table peinte en blanc sur laquelle j'écrivais mes contes[7]. »

Un grouillement de papier

Écrire des contes. Depuis ses débuts, Simenon affectionne ce type de récits, et il en a du reste déjà publié plusieurs à la *Gazette* – des histoires brèves, ramassées, efficaces, sans trop de personnages ni de descriptions superflues, des saynètes plus ou moins amusantes, prime-sautières et humoristiques, un peu à la manière

7. *Ibid.*, p. 452.

d'Alphonse Allais (qui est décédé en 1905, mais dont les contes sont régulièrement réédités), de Pierre Veber ou des frères Alex et Max Fischer.

Ou encore d'Henri Duvernois.

Il lui a d'ailleurs rendu visite à son domicile le 16 décembre 1922, grâce à Binet-Valmer, impressionné de savoir que cet auteur multiplie les succès, que ses textes inondent chaque semaine les journaux (*Le Matin*, par exemple) et les magazines les plus lus et, surtout, surtout, qu'il gagne énormément d'argent, quoique, de son propre aveu, il n'arrête pas de se répéter et de se plagier soi-même.

Car, aux yeux de Simenon, le succès et l'argent vont de pair et, dans sa conception personnelle de la littérature, ils sont absolument indissociables : si on a du succès, on accumule les sous, et si on a accumulé les sous, c'est parce que le succès est venu couronner le talent qu'on possède. Plus qu'une conception : une conviction. Une règle d'or (c'est le cas de le dire) qu'il s'impose très vite et à laquelle il ne dérogera jamais.

Par chance, en ces années qui suivent la Première Guerre mondiale, Paris grouille de revues et de magazines destinés à un lectorat populaire, et de publications illustrées où figurent des contes et des historiettes frivoles.

Impossible de ne pas les voir sur les kiosques, en particulier le long des Grands Boulevards et à la sortie du métro, d'autant qu'ils sont placés bien en évidence et offrent des couvertures racoleuses dévoilant des filles très aguichantes.

Dans le lot se détachent *Gens qui rient*, « journal d'humour et d'amour », *Le Sourire*, *Sans-gêne*, *Mon flirt* ou des titres qui contiennent le nom de Paris et qui suggèrent que Paris est la capitale mondiale des voluptés amoureuses et des marivaudages, le poumon de l'évasion paillarde, le cœur des goguettes et polissonneries : *Paris-Flirt* (plutôt vulgaire), *La Vie parisienne*, *Paris Music Hall*, *Paris-Plaisirs*... Par rapport à ses concurrentes, cette dernière revue « esthétique, humoristique et théâtrale » bénéficie d'une présentation plus soignée et plus luxueuse, avec ses photographies en couleurs de vedettes et de créatures désirables dont les poses lascives font tourner la tête des hommes.

Et puis il y a *Froufrou* ainsi que *Le Merle blanc*, qui « siffle et persifle le samedi », et *Le Merle rose*, forcément imprimé sur papier rose. Ces deux « merles » ne portent pas leur titre par hasard. À l'instar de *Froufrou* et du quotidien à gros tirage *Paris-Soir*, ils sont la propriété d'Eugène Merle, dont tout le monde s'accorde à reconnaître le génie éditorial, un « magnat de la presse » comme on ne le dit pas encore, mais qui a la mauvaise réputation de ne pas toujours payer ses collaborateurs, ou de les payer avec des chèques sans provision.

Dès 1923, Simenon fait partie des collaborateurs d'Eugène Merle, mais il parvient tout de suite à se faire respecter, malgré son jeune âge. Petit à petit, il ressent même une certaine affection pour cet homme au « flair exceptionnel » et n'hésite pas à converser longuement avec lui dans les somptueux bureaux de la rédaction, 14, boulevard Montmartre dans le 9e arrondissement. Et comme Eugène Merle possède un château à Avrainville, à trente-cinq kilomètres de Paris, et qu'il y tient table ouverte tous les dimanches, Simenon en devient bientôt un des « commensaux réguliers ». Ce qui lui permet de rencontrer « dans une atmosphère de familiarité » agréable des écrivains et des journalistes de renom (dont Joseph Kessel, Henri Jeanson et Pierre Lazareff), des ministres, des banquiers, des hommes d'affaires « plus ou moins véreux », et d'entendre des conversations sur leurs « petites affaires ». Lesquelles sont en général de grosses affaires frisant presque toutes l'illégalité et dont les hôtes à déjeuner d'Eugène Merle parlent librement, comme s'il était question des « choses les plus banales du monde », « avec un naturel et un sans-gêne incroyables[8] ».

Des contes, des contes, des contes... Simenon les multiplie pour les diverses publications d'Eugène Merle et pour une série d'organes de presse, dont ceux déjà cités, et *L'Humour*, *Ric et Rac*, *Le Matin*..., les situant presque tous à Paris – un Paris superficiel et très convenu. Il est si prolixe, si désireux d'écrire et de ne faire que cela, qu'il est obligé de changer à tout moment de signature : Georges Sim, Gom Gut, Chouquette, Plick et Plock, Poum, Luc Dorsan...

Mais il ne se prend pas au sérieux. Il sait fort bien qu'il s'adonne à une littérature alimentaire et que dans le registre étroit au sein duquel il travaille, existent des contraintes. Et une kyrielle de poncifs. Ne serait-ce que les situations boulevardières – parisiennes – autour desquelles il convient de tourner invariablement : ménage à trois, cocus en tout genre, amants éconduits, maris jaloux, épouses volages, maîtresses candides, placards à ouvrir, malentendus domestiques... Mais sans jamais utiliser des mots tels que « seins », « nichons », « croupe » ou « cul »...

8. *Ibid.*, p. 564-565.

Au cœur du Marais

Tandis que Simenon est absorbé par l'écriture de ses contes, Tigy continue de dessiner et de peindre, généralement à l'extérieur, vu la difficulté d'installer son atelier dans leur chambre exiguë de l'hôtel Beauséjour. Elle aime croquer les « têtes de mauvais garçons », ceux qu'elle croise lorsqu'elle se promène avec son mari, rue de Lappe, rue de Bondy ou rue de Charonne, dans le 11e.

Quant à « écouler » ses toiles...

Après s'être renseignée, Tigy apprend qu'on vient de créer à Montmartre une foire aux tableaux qu'on a baptisée, par dérision, la Foire aux croûtes et qui se produit une fois par mois. C'est toujours mieux que rien. Et puis cet endroit n'est pas tellement éloigné du Sacré-Cœur et de la place du Tertre, où affluent les touristes... Dans son *Guide des Grands Ducs* publié en 1925, Élie Richard, poète parigot et fondateur de la maison d'édition Images de Paris, note : « Une foire à la peinture depuis deux ou trois ans se tient à côté de la rue des Saules, place Constantin-Pecqueur. Des jeunes artistes viennent là, proposer à une foule amusée leurs œuvres, suspendues comme des fripes, aux arbres, contre les murs et sur les bancs en débitant des boniments de camelots[9]. »

Amoureux fou, Simenon ne laisserait jamais Tigy s'y installer toute seule. Aussi demeure-t-il à ses côtés à attendre et à guetter les clients potentiels, ou va-t-il s'attabler dans une brasserie voisine de la rue Caulaincourt, à proximité de l'immeuble qu'a habité un moment Auguste Renoir.

Et voilà qu'un beau jour, après avoir lu des romans populaires, il en commence un à son tour, qu'il intitule *Le Roman d'une dactylo*, une histoire qu'il veut attendrissante, condition impérieuse pour ce genre de publication, et qu'il achève en deux jours à peine. Le lendemain, il le tape à la machine et va le porter à un éditeur spécialisé, Joseph Ferenczi, 9, rue Antoine-Chantin, dans le 14e arrondissement.

À l'époque, les maisons d'éditions parisiennes publiant des romans populaires pullulent autant que les journaux, les revues et les magazines légers ou grivois. Les plus en vue sont Jules Rouff et Cie, Jules Tallandier, Albert Méricant, Félix Juven (l'éditeur d'Arthur Conan Doyle), Pierre Lafitte (l'éditeur de Gaston Leroux et de Maurice Leblanc) et Arthème Fayard. Malgré l'abondance de la concurrence, (ou à cause d'elle?) Joseph Ferenczi, qui est d'origine

9. Élie Richard, *Le Guide des Grands Ducs*, Éditions du Monde moderne, 1925, p. 222.

hongroise, a fait le surprenant pari d'alimenter davantage encore ce créneau éditorial par une politique de production accrue, multipliant les collections romanesques et fondant, en parallèle, plusieurs revues de grande diffusion par lesquelles il tente un passage en force.

Rien qu'au cours des années qui ont précédé la Première Guerre mondiale ont ainsi surgi, à l'enseigne des éditions Ferenczi, la série Marc Jordan écrite par Jules de Gastyne, la série *Zigomar* de Léon Sazie, les séries *Le Corsaire sous-marin* et *Les Trois Boy-scouts* de Jean de La Hire, « Le Livre illustré inédit », « Le Petit Livre », « Le Livre épatant » et des revues et des hebdomadaires tels que *Ma Collection* (destinée « à toute la jeunesse et à toute la famille »), *À l'aventure*, *L'Ami de la jeunesse*, *La Jeunesse moderne*... Sans oublier *Sans-gêne*, déjà citée, revue légère lancée dès 1901.

Au printemps 1924, Joseph Ferenczi accepte de publier *Le Roman d'une dactylo* dans sa collection « Le Petit Livre ». Il apprécie que ce jeune Liégeois talentueux ne rechigne pas à la tâche; et réalise qu'il est venu à Paris pour gagner sa vie avec sa plume. Cela ne lui déplaît pas, bien au contraire. Simenon, lui, est ravi d'être tombé sur un éditeur soucieux de faire fructifier sa production. Il décide de signer *Le Roman d'une dactylo*

Jean du Perry, un pseudonyme sous lequel il donne ensuite à Joseph Ferenczi une quarantaine d'autres romans du même acabit. Parallèlement, il en donne aussi à Jules Rouff, à Jules Tallandier, à Arthème Fayard et à leurs confrères, en utilisant divers autres noms : Georges Sim, auquel il tient beaucoup, Jean Sandor, Gaston Vialis, Georges Martin-Georges, Germain d'Antibes, Christian Brulls, un pseudonyme rappelant le nom de jeune fille flamand de sa mère, Henriette Brüll, née en 1880...

Dans la majorité de ces romans populaires, la toile de fond est Paris ou la région parisienne. Des noms de rues et de lieux connus y défilent, mais à de rares exceptions près, ils sont interchangeables et ne reflètent guère l'extraordinaire spécificité de la capitale de la France et n'en traduisent les odeurs et les couleurs que de façon sommaire. Des esquisses pour ainsi dire. Des ébauches. Et encore...

Ces publications se vendant fort bien, Simenon a enfin de l'argent et envisage bientôt de quitter l'hôtel Beauséjour de la rue des Dames. Au début du mois de novembre 1924, il loue avec Tigy un appartement de deux pièces sur cour au 21, place des Vosges, au cœur du Marais, dans le 4e arrondissement. Longtemps appelée place Royale, la place des Vosges est chargée d'Histoire et de petites histoires ; chacun de ses immeubles – de ses hôtels –, côté pair et côté impair, a les siennes propres et a vu passer des personnages illustres : le marquis de Cinq-Mars, Pierre Corneille, Mme de Sévigné, Ninon de Lenclos, Marion Delorme, Pivert de Senancour, Théophile Gautier, Victor Hugo... Rien qu'au 21, se sont succédé le cardinal de Richelieu, le prince de Wurtemberg, Alphonse Daudet (avant qu'il ne déménage au 8) et Ferdinand Bac, écrivain et caricaturiste bien connu de la Belle Époque, qui, en 1918, est parti s'installer dans le Midi (et que les Simenon n'ont donc pas pu croiser sur le seuil de leur nouveau domicile).

À la fin de l'année 1927, les Simenon sont en mesure de louer au deuxième étage du même hôtel, un appartement plus vaste donnant sur la place, laquelle à cette époque, est moins richement habitée qu'aujourd'hui et n'attire pas trop les bourgeois de Paris. « La place des Vosges était calme, presque déserte. Des habitants promenaient leur chien autour des grilles, et des enfants jouaient dans le square[10] », écrira-t-il dans un de ses romans populaires. Presque une place de petite ville de province – l'idéal pour l'écrivain, qui peut se concentrer sur ses contes et ses romans en toute tranquillité –

10. Georges Sim, *L'Homme à la cigarette*, Tallandier, 1931, p. 69.

quoique le bruit et l'agitation ne l'aient jamais empêché d'écrire, et d'écrire à un rythme fou, jusqu'à livrer deux romans par semaine à ses divers éditeurs. C'est ce que lui ont appris ses années de journalisme, auquel d'ailleurs il n'a pas renoncé.

La belle vie

Dans l'intervalle, Tigy dessine et continue de peindre. Outre ses participations mensuelles à la Foire aux croûtes de la place Constantin-Pecqueur à Montmartre, elle cherche à exposer ses œuvres dans des galeries et, pour se faire connaître, commence à fréquenter des artistes de renom, la plupart repliés à Montparnasse, un quartier en pleine effervescence depuis la fin de la guerre. Ils s'appellent Tsugouharou Foujita, qui a débarqué en France au début des années 1910, Moïse Kisling, d'origine polonaise, Chaïm Soutine, qui vient de Lituanie, Vlaminck, un authentique Parisien malgré son patronyme aux accents bataves, André Derain, Jules Pascin, Marcel Vertès...

Ce n'est pas du tout la démarche de Simenon. Dans le domaine qu'il a choisi, il ne côtoie en effet que des auteurs obscurs, des plumitifs, des sans-grade et des faiseurs de copies ; il n'a aucune réelle relation avec des écrivains réputés. Il a bien vu Henri Duvernois à l'une ou l'autre occasion et prétend avoir reçu des conseils de Colette au *Matin*, mais ces gloires-là n'ont pas son âge et ne sont pas de ses amis.

Au vrai, il est attiré par le monde auquel est mêlée sa femme, et il est ravi de pouvoir l'accompagner chaque fois qu'elle désire se rendre à Montparnasse. Il a le sentiment d'y être chez lui, d'être plus à l'aise parmi les artistes peintres et leurs admirateurs que dans les cénacles et chapelles où évoluent ses pairs, et qu'il continuera au demeurant d'éviter quand il deviendra à son tour, quelques années plus tard, une vedette accumulant les succès.

On le voit ainsi avec Tigy à La Rotonde, à La Coupole, « aussi peu bourgeois que possible[11] », au Select, ouvert jour et nuit, à la terrasse du Dôme (où Léon Trotski a ses habitudes et « passe des heures à écrire[12] »), établissements dans lesquels ils sont certains de retrouver des amis avec qui ils iront s'encanailler dans les boîtes de nuit et les dancings tout proches : le Jockey, 241, boulevard Raspail, un ancien café transformé en cabaret, repaire nocturne « d'un mélange

11. Georges Simenon, *Vent du nord, vent du sud*, « Tout Simenon 26 », Omnibus, 1993, p. 917.
12. Georges Simenon, *La Femme endormie*, « Tout Simenon 27 », Omnibus, 1993, p. 528.

d'artistes, de modèles, de riches Américaines aux longs cordons de perles en sautoir[13] » ; le Viking, 31, rue Vavin ; le Strix, 4, rue Huyghens, ou le Dingo, 10, rue Delambre, où le jazz est roi et où les *nègres* font le spectacle et subjuguent les noceurs, les bambocheurs et les noctambules.

Et puis encore, dans le 8e arrondissement, se trouve Le Bœuf sur le toit, un cabaret inauguré en 1921, 34, rue du Colisée, le repaire des musiciens du Groupe des Six, Arthur Honegger, Georges Auric, Germaine Tailleferre, Louis Durey, Darius Milhaud et Francis Poulenc, et le foyer des danses nouvelles venues pour la plupart en droite ligne des États-Unis d'Amérique : le charleston, le black-bottom, le one-step, le two-step, le fox-trot, la valse apache... Sans oublier les guinguettes mal famées de la rue de Lappe, dans le 11e arrondissement.

Pour eux deux qui sont encore jeunes, Paris est une fête, une fête gigantesque, un perpétuel Quatorze-Juillet. Ce qu'ils vivent, ce qu'ils veulent vivre, c'est la belle vie – cette vie joyeuse et trépidante, si différente de celle de leur adolescence liégeoise. Sous l'impulsion de Jean Poiret, les femmes s'habillent autrement, et grâce aux Arts Déco, tout est en train de changer autour d'eux : les meubles, les bibelots, les accessoires

 13. Georges Simenon, *Un homme comme un autre*, *op. cit.*, p. 459.

les plus usuels de la table, les enseignes et les vitrines des boutiques, le style des restaurants et des brasseries, les affiches sur les murs et les palissades. Dont celles qui sont dues à Paul Colin et qui montrent bien qu'on a définitivement tourné le dos aux post-impressionnistes et aux Nabis.

Au cœur de ce tourbillon, Simenon a un grand besoin de sexe ; et c'est en général chez les prostituées qu'il va l'assouvir. Il les fréquente depuis les premiers jours de son installation à Paris, au début dans les quartiers populaires, à Pigalle ou à la porte Saint-Martin, puis, profitant du fait qu'il gagne de plus en plus d'argent, rue de Provence et rue Tronchet, et bientôt dans les beaux quartiers, où « les maisons de luxe » ne manquent pas. Une des plus fameuses, où l'on est le mieux servi, est celle que tient Mme Hélène, 28, rue Brey, à quelques encablures de la place de l'Étoile, qui a la réputation de proposer les plus charmantes femmes de Paris. Y compris d'authentiques bourgeoises en quête de voluptés interdites, à l'image de *Belle de jour*, l'héroïne du roman de Joseph Kessel (1928). Simenon s'y rend presque tous les jours, parfois même deux ou trois fois par jour, à l'insu de Tigy, évidemment. Sans pourtant se sentir coupable d'infidélité, contrairement au comptable Maurice Dudon, le personnage principal de son roman *Une vie comme neuve* (1951), qui est un client assidu de la maison de Mme Germaine, rue Choron, dans le 11e arrondissement, et qui, lui, éprouve chaque fois le pénible sentiment de commettre son « péché hebdomadaire ».

« J'ai besoin, écrit Simenon dans *Quand j'étais vieux* (1970), pour ne pas me sentir prisonnier de la société, de caresser une cuisse au passage, de faire l'amour sans déclaration, sans passion, de traiter le sexe, d'un instant à l'autre, dans mon bureau, n'importe où, comme on le traitait, comme on le traite dans la forêt équatoriale ou à Tahiti. [...] Ma grande surprise, à mon arrivée à Paris et dans les années qui ont suivi : aucune femme dite honnête ou du monde, aucune vedette n'a un corps aussi beau que certaines professionnelles. Aucune ne pourrait gagner sa vie en faisant l'amour[14]. »

Mais un soir d'automne 1925, au théâtre des Champs-Élysées, avenue Montaigne, il est soudain subjugué par une femme ne ressemblant à aucune autre. Belle à couper le souffle. Terriblement désirable. Irrésistible. C'est Joséphine Baker.

Née à Saint-Louis dans le Missouri, elle a vingt ans tout juste et, avec *La Revue nègre*, elle a

 14. Georges Simenon, *Quand j'étais vieux*, « Tout Simenon 26 », *op. cit.*, p. 288.

conquis le cœur des Parisiens et des Parisiennes. On se bouscule pour la voir, la contempler, la regarder sur scène descendre d'abord du plafond dans une cage en forme d'œuf, puis se mettre à danser d'un air langoureux, un régime de bananes autour de la taille, les jambes écartées, les mains au sol, telle une incroyable créature extraterrestre. L'écouter chanter aussi avec son jazz-band sur des rythmes endiablés.

Le tourbillon Simenon et l'incendie Joséphine Baker succombent immédiatement l'un à l'autre. On raconte qu'elle est capable de faire l'amour partout, à tout moment, à l'improviste, debout, couchée, à la levrette, n'importe comment, n'importe où, et que ses appétits sexuels sont sans frein, sans limite. Et on dit la même chose de Simenon...

Ensemble, ils nourrissent déjà le projet d'une publication luxueuse, une sorte de *Paris-Plaisirs* amélioré et enrichi, avec des collaborateurs de prestige, des textes inédits d'écrivains de renom et des illustrations triées sur le volet. Ils demandent à Paul Colin d'en assurer la présentation graphique et de fournir des dessins en couleurs. Mais hélas ! Le *Josephine Baker's Magazine* n'est resté qu'à l'état de maquette. Dans un numéro du *Merle rose* daté du 1er avril 1927, Simenon consacre encore un ardent reportage à la « Perle noire » et exalte ses étonnantes allures de « gamine espiègle ».

Mais sa relation avec elle devient de plus en plus compliquée. Il y a Tigy... et trop d'hommes autour de Joséphine Baker, trop de prétendants et de gens connus, ce que Simenon n'est pas, d'autant que ses écrits, bien qu'innombrables, continuent de paraître sous pseudonymes et n'intéressent ni l'intelligentsia ni la faune bigarrée de Montparnasse.

En été 1927, la mort dans l'âme, il prend la pénible décision de rompre.

Images de Paris et d'ailleurs

Après sa journée de travail devant sa machine à écrire, Simenon reçoit également place des Vosges, où il peut désormais compter sur une servante, Henriette Liberge, alias Boule, une fille de pêcheurs née en 1906 à Bénouville, un petit village du Pays de Caux. Elle occupe la chambre du rez-de-chaussée sur cour dans le logement qu'il a gardé et où Tigy a installé son atelier.

Physiquement, Boule n'a rien à voir avec Tigy. Elle est blonde, elle est pulpeuse, elle est spontanée, elle est cordiale, elle sourit sans arrêt à tout le monde. C'est dire si, d'emblée, elle plaît à Simenon. Mais les relations sexuelles qu'ils commencent à entretenir tous les deux et qui deviendront de plus en plus fréquentes et finalement quotidiennes, sont de perpétuels jeux de cache-cache, car Tigy « aux sombres et épais sourcils » est « d'une jalousie intransigeante[15]. »

Le spacieux appartement du deuxième étage a été restauré dans un style cubiste. Simenon a commandé un bar aux tabourets de cuir noir et aux pieds jaunâtres ; sur un renfoncement de mur, des bouteilles variées sont rangées sur des rayonnages de verre dépoli. Il aime préparer lui-même les cocktails, dont la mode bat alors son plein et qu'il distribue généreusement à ses hôtes de passage. Ce sont le plus souvent des inconnus et des anonymes, des hommes et des femmes rencontrés en boîte, avec lesquels il a sympathisé, le temps de boire un verre, et qu'il a ensuite invités chez lui.

Le jour, entre deux chapitres d'un roman populaire ou deux contes, il ne lui déplaît pas d'aller se perdre dans les petites rues du Marais, ou de se promener du côté de la Bastille et d'y acheter un quotidien, ou le long de la Seine, quai des Célestins, après avoir emprunté la rue Saint-Paul où fourmillent les artisans et les

15. Georges Simenon, *Mémoires intimes*, « Tout Simenon 27 », *op. cit.*, p. 714.

commerces. Naturellement, il ne se prive pas d'aller boire un verre au bistrot, un petit blanc sec de préférence, en particulier au Tabac des Vosges qui fait le coin de la rue des Francs-Bourgeois et constitue le rendez-vous favori des commis du quartier.

Il regarde. Il observe. Il se met des images en tête. Il sent. Il hume. Il se nourrit d'odeurs, de remugles. Il voit des gens. D'autres gens. Pas ceux qui, à la tombée de la nuit, envahissent les établissements de Montparnasse et des Champs-Élysées. Il enregistre Paris. Il le sait, confusément, tout cela se retrouvera dans les livres *littéraires* qu'il écrira plus tard, car il ne doute pas un seul instant qu'il en écrira bientôt, qu'il quittera à jamais ce qu'il appelle, non sans ironie, la « semi-littérature ».

Il est devenu, en deux ans seulement, si parisien, si parigot, si représentatif de la vie parisienne et de ses mondanités, que l'acteur, metteur en scène et directeur du théâtre de l'Odéon, Firmin Gémier, à qui le gouvernement français a confié la tâche de montrer Paris au ministre soviétique Anatoli Lounatcharski, lui demande de le remplacer « pour cette délicate mission, persuadé qu'il est vraiment l'homme de la situation[16] ». Et Simenon s'en acquitte à

16. Pierre Assouline, *Simenon*, Folio n° 2798, 1996, p. 170.

merveille, comme s'il avait toujours vécu dans la Ville Lumière et qu'il en était le guide idéal.

Cela lui vaut un article dans *Paris-Soir*, en date du 5 juin 1925, le tout premier que la presse française lui ait jamais consacré. Intitulé « Georges Sim », il est signé Paul Reboux, connu pour ses excellents pastiches littéraires écrits avec son complice Charles Müller, sous le titre *À la manière de*. En quelques paragraphes, Paul Reboux trace un pétillant portrait de ce « jeune provincial venu à Paris pour "faire de la littérature" » et prédit qu'il réalisera de « grandes choses ». « Patience ! » écrit-il en guise de conclusion.

Mais Simenon ne veut pas se cantonner à Paris. Depuis 1924, il a pris le goût des voyages et s'est rendu régulièrement en compagnie de Tigy sur l'île de Porquerolles. De même, il a entamé un tour de France par les canaux et les rivières, à bord d'un canot d'acajou d'un peu plus de cinq mètres, le *Ginette*.

Une manière de montrer son attachement à l'eau, cet élément qui le marque depuis sa naissance à Liège et lui inspire une multitude de contes, de nouvelles, de romans, de reportages... Il va même jusqu'à dresser une tente sur le *Ginette*, amarré à Morsang-sur-Seine, à une trentaine de kilomètres au sud-est de

Paris, afin de pouvoir écrire par mauvais temps.

L'embarcation ne lui convenant plus et l'argent continuant d'affluer, il ne tarde pas à se faire construire à Fécamp un cotre de dix mètres de long et de quatre mètres de large, qu'il appelle l'*Ostrogoth* et que baptise le vicaire de Notre-Dame de Paris, lors d'une cérémonie en grande pompe au square du Vert-Galant, au pied du Pont-Neuf. Avec ce cotre, il part, nanti d'un certificat de navigation en bonne et due forme, pour la mer du Nord, les Pays-Bas et l'Allemagne. Deux couchettes sans ressorts, un réservoir d'eau potable, un tub, un petit poêle à charbon, une table bien rigide où déposer sa machine à écrire constituent tout son équipement.

Le reste sera une affaire d'inspiration.

Au fond, à Paris qui demeure son port d'attache, ou ailleurs, Simenon ne se lasse pas d'enregistrer.

Il est un tourbillon qui « emmagasine ». Qui engrange des provisions. Qui se dit qu'il ne faudrait plus trop sacrifier son talent à des menus travaux éphémères, à des ouvrages de pacotille plus ou moins plaisants et à la portée du premier scribouillard venu. Qui songe désormais à créer un grand personnage, non plus une imitation, une contrefaçon, mais un héros tout neuf.

LE TRIOMPHE DE MAIGRET

Chez Arthème Fayard

En septembre 1929, Simenon arrive sur son cotre à Delfzijl, petite ville des Pays-Bas. Il est accompagné de Tigy et de Boule, ainsi que de son dogue Olaf, qui le suit partout. Comme il est urgent de recalfater le bateau, le séjour s'annonce plus long que prévu. Simenon se transporte alors sur une vieille barge pour pouvoir écrire et honorer les contrats qu'il a signés avec ses divers éditeurs.

Il est de plus en plus séduit par les histoires policières, un genre qui, lui semble-t-il, rencontre l'adhésion d'un très large public et auquel il s'est déjà consacré avec un vif plaisir, notamment en narrant les « exploits » d'un inspecteur nommé Sancette, le long de quatorze nouvelles parues dans *Ric et Rac* ; et de ceux d'un détective amateur nommé, lui, Joseph Leborgne, à travers deux séries de treize nouvelles parues dans la revue *Détective* créée l'année précédente par Gaston Gallimard et dirigée par Georges Kessel, le frère de Joseph Kessel : *Les Treize Mystères* et *Les Treize Énigmes*. Il a en chantier une troisième série du même type : *Les Treize Coupables*. Mais il aimerait à présent concevoir un personnage d'enquêteur, qu'on retrouverait dans plusieurs romans criminels et qui serait de la sorte le héros d'un cycle.

Il a quelques modèles en tête comme l'Arsène Lupin de Maurice Leblanc, le Père Brown de Gilbert Keith Chesterton, le Rouletabille de Gaston Leroux ou encore l'Hercule Poirot d'Agatha Christie, dont les histoires sont publiées depuis peu dans la collection policière « Le Masque » fondée par Albert Pigasse en 1927 à la Librairie des Champs-Élysées. Tout le monde en France vante les ingénieuses intrigues de cette nouvelle romancière britannique, mais elles ne correspondent guère à ce que Simenon recherche. Il les juge assez artificielles, désincarnées, et même irréalistes.

Il se met à la tâche et achève rapidement un roman mystérieux signé Christian Brulls, *Train de nuit*, où apparaît pour la toute première fois le personnage de Maigret, un homme calme, au parler rude et aux manières volontiers brutales. Mais ce Maigret-là n'est qu'une vague silhouette, un simple nom propre que Simenon a glissé malicieusement dans son livre, en référence directe à celui d'un médecin domicilié au... 21, place des Vosges.

La deuxième et la troisième incarnation de Maigret figurent successivement dans *La*

Figurante (Christian Brulls) et *La Femme rousse* (Georges Sim). Maigret y fait montre d'une certaine bonhomie ironique et d'une assurance peu commune. Sans y briller toutefois. En revanche, dans la quatrième, *La Maison de l'inquiétude* (Georges Sim), Maigret est enfin un être de chair et de sang, un personnage au profil bien dessiné et qui possède une façon originale de mener une enquête.

Ce dernier roman tapé à la machine, Simenon l'envoie sans tarder à Arthème Fayard, un homme de haute stature alors âgé de soixante-cinq ans, d'un abord un peu froid et abrupt, avisé, intelligent et inventif qui a eu l'idée, en 1892, de publier l'œuvre complète d'Alphonse Daudet en édition populaire « à dix centimes le fascicule » et de lancer, en 1911, les aventures de *Fantômas* de Pierre Souvestre et Marcel Allain, avant de fonder la « Modern Bibliothèque », où l'on peut « avoir, pour quatre-vingt-quinze centimes, un roman ou une étude d'un Barrès, d'un Paul Adam, d'un Jules Renard, bref d'un des meilleurs écrivains alors en vogue[17] ». Simenon est confiant et convaincu d'avoir bien travaillé son personnage. Il lui assure que le héros qu'il a mis en scène sort du rang et qu'il pourrait parfaitement inaugurer une nouvelle série.

17. Léon Daudet, hommage sans titre à Arthème Fayard, dans *Arthème Fayard*, s. é., s. d. [1939], p. 9-10.

À sa grande surprise, Simenon essuie un refus : Arthème Fayard estime que ce Maigret manque d'éclat, de relief. Quelqu'un de trop mou, de trop statique. Impossible, selon lui, de *vendre* un héros passant le plus clair de son temps – et de son enquête – assis devant un demi ou une prunelle.

Sans argument de poids pour faire changer d'avis Arthème Fayard (ses collaborateurs disent qu'il n'en change jamais), Simenon se résout à publier *La Maison de l'inquiétude* en feuilleton dans le périodique *L'Œuvre*. Il a toutefois la certitude, la certitude profonde, inébranlable, de tenir le bon bout. Il croit en son Maigret. Il sent que son commissaire n'est pas un ersatz, quoiqu'il soit conscient qu'il devra encore en peaufiner les traits les plus caractéristiques.

C'est la raison pour laquelle il travaille « avec acharnement[18] », dès son retour en France au printemps 1930, d'abord chez lui, place des Vosges, puis sur l'*Ostrogoth*, amarré entre Morsang-sur-Seine, « où se réunissaient dans un petit restaurant, Balzac, Alexandre Dumas, bien d'autres » et Seine-Port, « au pied de l'écluse de la Citanguette, paradis des pêcheurs[19] ». En quelques jours à peine, comme désormais à son habitude, il écrit *Pietr-le-Letton* (il en avait déjà jeté les bases à

18. Georges Simenon, *Point-virgule*, « Tout Simenon 27 », *op. cit.*, p. 108.
19. *Ibid.*

Delfzijl), puis dans la foulée *M. Gallet, décédé*, deux romans ayant pour héros le commissaire Maigret et se situant en partie à Paris.

Fayard est conquis et déclare à Simenon : « Vous allez m'en écrire dix ou douze afin que nous puissions les publier à raison d'un volume par mois[20]. »

Plus fébrile que jamais, Simenon s'exécute. Dans les semaines et les mois qui suivent, il achève d'autres Maigret, à Morsang-sur-Seine, mais aussi, au gré de ses pérégrinations, à La Ferté-Alais, à Ouistreham, à Antibes, à La Rochelle.

Chose curieuse, dans les dix-neuf romans d'aventures de Maigret rédigés entre 1931 et 1933 (le dernier, *Maigret* tout court, est paru en 1934), un seul, *La Tête d'un homme*, est écrit à Paris ; non pas place des Vosges, mais dans un hôtel, l'hôtel Aiglon situé 232, boulevard Raspail, près du cimetière du Montparnasse – un hôtel cosmopolite qui, comme Simenon le précisera dans *Les Caves du Majestic* (1942), « n'a pas de portier », mais un « gardien de nuit » dormant « dans un cagibi » et tirant « le cordon sans trop s'inquiéter de qui rentre[21] ». Et cela explique sans doute pourquoi dans *La Tête d'un homme*,

20. *Ibid.*

21. Georges Simenon, *Les Caves du Majestic*, Œuvres complètes X, Lausanne, Rencontre, 1970, p. 190.

le commissaire se déplace au carrefour Montparnasse et prend des consommations au bar américain de La Coupole, fréquenté par une populeuse clientèle internationale, tout en enquêtant sur un ancien étudiant en médecine tchèque soupçonné d'avoir perpétré un double assassinat. « Et l'impression dominante était que consommateurs, barmen, garçons, décor, formaient un tout bien homogène[22]. »

Un bal insolite

S'ils ne s'accordent pas toujours sur tous les points, Simenon et Arthème Fayard ont en commun le sens de la publicité et de la communication. Ils savent chacun à quel point le lancement des premiers Maigret revêt une grande importance et que leur succès en dépend. Dans ce domaine, Arthème Fayard n'a de leçon à recevoir de personne. À son tableau de chasse éditorial figurent les *Fantômas*, qui ont fait vibrer la France entière, la « Modern Bibliothèque », et d'autres réussites commerciales comme la revue mensuelle *Les Œuvres libres*, l'hebdomadaire *Candide,* très vite devenu « le rival des plus grands journaux en même temps qu'un miroir de

22. Georges Simenon, *La Tête d'un homme*, Œuvres complètes II, Lausanne, Rencontre, 1970, p. 51.

la littérature contemporaine[23] », et la collection « Le Livre de demain » lancée en 1923, qui a pour ambition de démocratiser les livres illustrés par des gravures sur bois signées d'artistes prestigieux (dont Foujita, Lebédeff et Roubille).

Aussi Arthème Fayard décide-t-il de faire connaître les premiers Maigret à la fois par une vaste campagne d'affichage dans tout l'Hexagone et par des annonces à la radio et au cinéma, désormais parlant et qui jouit d'un engouement immense.

Quant à Simenon, il a deux idées fortes. La première est de présenter ses romans sous une couverture photographique, la photographie étant une de ses marottes depuis qu'il a attrapé le virus de la navigation et des voyages.

La seconde est d'organiser ce qu'il appelle « une nuit à la mode apache ». À cette fin, il demande à trois *complices*, dessinateurs célèbres, Don (le vrai nom de ce Roumain venu à Paris est Jean Ion), Paul Colin et Marcel Vertès, de concevoir une invitation reproduisant la fiche anthropométrique de l'anarchiste Jules Bonnot abattu en 1912, pour un bal à l'entrée duquel chaque invité sera tenu de laisser ses empreintes digitales.

Le 20 février 1931, un millier de personnalités de tout bord se retrouvent à La Boule blanche,

 23. Henry Bordeaux, hommage sans titre à Arthème Fayard, *op. cit.*, p. 21.

33, rue Vavin, à Montparnasse, un « mouchoir de poche », selon Pierre Lazareff, le futur créateur de *France-Soir* et du *Journal du dimanche*, dans un article publié le lendemain par *Paris-Midi* sous le titre : « Le Bal anthropométrique, cette nuit, a remis à la mode "l'apache" parisien ».

Dans cet établissement, « le plus petit qu'on puisse trouver là-bas », où les Martiniquais dansent d'ordinaire la biguine, c'est une « invraisemblable cohue de smokings, de vestons, de salopettes et de chemises de couleurs violentes, de robes largement échancrées, de fourrures de prix, de tabliers rouges et de sureaux noirs [...] ».

« On dansait comme on pouvait en s'accrochant aux tables, poursuit Pierre Lazareff ; on se battait devant le buffet. »

Et Carlo Rim[24] d'affirmer : « C'est la première fois qu'on s'amuse à Paris depuis longtemps. [...] Des "spots" disposés autour de la galerie éclatent de lumière. Quelque part, un cinéma enregistre ces fastes pittoresques. [...] Et, par la porte étroite, les invités ne cessent d'entrer. On ne distingue même plus ceux qui ont mis des masques en carton sur leur visage de l'ensemble des autres. Il fait une chaleur étouffante. On marche sur un tapis de pieds déjà insensibilisés. »

24. De son vrai nom Jean-Marius Richard, romancier, essayiste, scénariste, réalisateur et dessinateur de presse français (1902-1989).

Et d'énumérer les invités, la *crème* du Tout-Paris : Colette, toujours présente pour soutenir et défendre ses jeunes collègues ; la chanteuse Damia dont l'arrivée provoque des clameurs ; la chanteuse Suzy Solidor traînant derrière elle une superbe garçonne ; Francis Carco, le romancier des rues obscures de Paris et son copain Gérard Bauër ; Kiki (née Alice Prin), la coqueluche du quartier de Montparnasse ; les peintres Moïse Kisling et Jehan Sennep ; le photographe Brassaï qui habite à deux pas ; le critique d'art Florent Fels... Et puis Eugène Merle[25] en personne, qui est plutôt fier d'avoir aidé Simenon à ses débuts et de lui avoir ouvert les colonnes des journaux qu'il possède. Il « conciliabule » avec Arthème Fayard escorté, lui, d'une journaliste de *Candide*, Odette Pannetier, laquelle sait fort bien que chaque « lancement » est pour son patron « une bataille qu'il [s'agit] de gagner[26] ».

En dépit de la cohue et de l'effervescence, Simenon, « blond et souriant » selon Pierre Lazareff, et le plus sereinement du monde, dédicace *Pietr-le-Letton* et *M. Gallet, décédé*, dédicaces qu'il est ravi de pouvoir enfin signer de son nom véritable, Georges Simenon.

Dans la joyeuse assistance, tout le monde,

25. Voir page 23.

26. Hommage sans titre à Arthème Fayard, *op. cit.*, p. 51.

hormis Arthème Fayard, ignore l'existence de *La Maison de l'inquiétude*, le premier vrai-faux Maigret, tombé aux oubliettes, (et qui sera tout de même édité en volume, l'année suivante, chez Tallandier sous le pseudonyme de Georges Sim). Simenon avait bien tenté de le céder à Arthème Fayard dès que les *Maigret* s'étaient imposés, certains venant même d'être portés à l'écran. En vain. Parce que de toutes manières, le « patron », comme disait Odette Pannetier, « ne pouvait pas s'être trompé[27] ».

36, quai des Orfèvres

De 1931 à 1934, ce sont donc dix-neuf aventures du commissaire Maigret, Jules de son prénom, qui paraissent à l'enseigne d'Arthème Fayard et Cie, 18-20, rue du Saint-Gothard, dans le 14e arrondissement.

Le commissaire Maigret, c'est d'abord le *locataire* du 36, quai des Orfèvres, un des lieux mythiques de Paris. Jusqu'en 1810, l'artère qui s'appelait rue Saint-Louis, était bordée de petites maisons le long des berges de la Seine. Après avoir été élargi, le nouveau quai allait prendre le nom des Orfèvres du nom des artisans qui bordaient le Pont-Neuf.

27. *Ibid.*

Le 36 héberge la Criminelle, la Crim' comme on dit aujourd'hui, héritière d'abord du service de la Sûreté, puis de la Brigade spéciale n° 1, dont l'acte de naissance officiel date du 1er décembre 1924. À cette époque, le directeur de la Brigade spéciale n° 1 s'appelait Raoul Nicolle. Chacun, policier ou prévenu, le reconnaissait, dit-on, par la pipe qui ne quittait pas ses lèvres. Simenon s'en est-il inspiré pour tracer le profil du commissaire Maigret ? On le prétend.

En général, le 36 est décrit comme un endroit poussiéreux, vétuste, terne, grisâtre et froid. D'ailleurs, le bureau même de Maigret (situé indifféremment, d'une intrigue à l'autre, tantôt au premier étage, tantôt au deuxième étage) passe pour être le plus sinistre de tous, à peine éclairé par une ampoule électrique suspendue au plafond, et une petite lampe protégée par un abat-jour de couleur verte. On y remarque une vieille cheminée sur laquelle repose une imposante pendule en marbre, dont les aiguilles avancent toujours de dix minutes. Et selon l'éclat de la lumière du jour, que ce soit au petit matin, à midi ou au crépuscule, d'étranges reflets se promènent sur les murs, comme des ombres errantes...

On y accède par une salle d'attente moins obscure, meublée de chaises tapissées de velours vert, et de fauteuils. Les murs portent les photographies encadrées des inspecteurs de police morts pour la Patrie. La pièce ressemble à un « aquarium », un terme que Simenon utilise très souvent ; l'atmosphère, triste voire carrément sinistre, lui valut d'être baptisée « le purgatoire ».

Purgatoire ou pas, Maigret ne se plaint jamais, lui pour qui résoudre une énigme ne consiste pas à découvrir la méthode de l'assassin, mais à « vivre à l'essai la crise psychologique qui a provoqué le drame[28] ».

« Le lecteur doit sympathiser avec le coupable, relèvent Boileau-Narcejac. Et justement Maigret est là, qui tient la main du criminel, qui tient la nôtre et dirige l'une vers l'autre ces mains qui voulaient s'ignorer. Maigret a une épaisseur, une consistance, une densité spéciales [...] Maigret possède cette finesse, toute semblable à un instinct, qui lui permet de flairer et d'interpréter les effluves qui rayonnent invisiblement des lieux et des êtres (car les lieux ont aussi leur signification cachée, leur conscience sourde, leur mentalité élémentaire). Le rôle de Maigret n'est pas de prouver, de démontrer, mais, pour ainsi dire, de prendre en charge le criminel, d'assumer mystérieusement son forfait. Le

28. Boileau-Narcejac, *Le Roman policier*, Payot, « Petite Bibliothèque Payot », 1964, p. 142.

crime provenant toujours d'une défaillance physique ou morale, Maigret se comporte un peu comme un donneur de sang. Il infuse dans le milieu malade la chaleur et la vie. Sa seule présence modifie le tonus des personnages[29]. »

Le Maigret des années 1930

En lisant les dix-neuf premiers *Maigret*, on est frappé par le fait que Paris y est relativement peu présent, alors même que le 36, quai des Orfèvres en est le point géométrique et même névralgique.

La plupart des enquêtes du commissaire ne se déroulent pas à Paris, mais en province et à l'étranger. Ainsi, dans *Le Pendu de Saint-Pholien* (troisième enquête, 1931), il se rend à Bruxelles, à Brême et à Liège (où se trouve l'église Saint-Pholien, dans un quartier où Simenon a vécu). Dans *Le Charretier de « La Providence »* (quatrième enquête, 1931), il est sur le canal de la Marne à la Saône, près d'Épernay et Vitry-le-François. *Le Chien jaune* (sixième enquête, 1931) le voit à Concarneau et *La Nuit du carrefour* (septième enquête, 1931) à proximité d'Arpajon. *Un crime en Hollande* (huitième enquête, 1931) se passe forcément en Hollande, tandis qu'*Au rendez-vous*

29. *Ibid.*, p. 142-143.

des Terre-Neuvas (neuvième enquête, 1931) a pour cadre Fécamp.

Avec *La Danseuse du Gai-Moulin* (dixième enquête, 1931), on retourne à Liège. Avec *Le Port des brumes* (douzième enquête, 1932) on est à Ouistreham et à Caen, et avec *L'Affaire Saint-Fiacre* (quatorzième enquête, 1932) à Saint-Fiacre et, tout près, à Moulins. *Chez les Flamands* (quinzième enquête, 1932) se situe en très grande partie à la frontière franco-belge, à Givet (Paris et la rue Poissonnière, dans le 2e arrondissement, ne sont évoqués que dans le dernier chapitre). Comme le titre le laisse supposer, *Le Fou de Bergerac* (seizième enquête, 1932) fait venir Maigret à Bergerac et *Liberty-Bar* (dix-septième enquête, 1932) à Antibes et à Cannes. Et dans *L'Écluse n° 1* (dix-huitième enquête, 1933) et *Maigret* (dix-neuvième enquête, 1934), le commissaire est souvent en dehors de la capitale, à Charenton, à Samois et dans sa maison de campagne sur les bords de la Loire où il a pris sa retraite.

Le plus parisien de ces dix-neuf romans est sans conteste, davantage que *La Tête d'un homme* (cinquième enquête, 1931) et nonobstant son ancrage au carrefour Montparnasse, *L'Ombre chinoise* (treizième enquête, 1932), que Simenon a écrit au cap d'Antibes dans sa villa,

« Les Roches grises ». Il s'y était installé afin de préparer avec le réalisateur Jean Tarride l'adaptation cinématographique du *Chien jaune*, avec Abel Tarride dans le rôle de Maigret.

L'incipit de *L'Ombre chinoise* est une belle description nocturne de la place des Vosges en novembre : « Il était dix heures du soir. Les grilles du square étaient fermées, la place des Vosges déserte, avec les pistes luisantes des voitures tracées sur l'asphalte et le chant continu des fontaines, les arbres sans feuilles et la découpe monotone sur le ciel des toits tous pareils. Sous les arcades, qui font une ceinture prodigieuse à la place, peu de lumières. À peine trois ou quatre boutiques[30]. »

C'est dans ce décor, sur cette *scène*, « tout entière [...] classée comme monument historique[31] », que surgit Maigret car un homme, Raymond Couchet, a été assassiné dans son bureau directorial, au fond de la cour du 61, un immeuble où habitent vingt-huit locataires qui sont autant de témoins et de suspects potentiels.

Ce qui fait l'intérêt majeur de cette intrigue criminelle, c'est qu'elle montre bien de quelle manière subtile et maligne procède Maigret quand il s'attache à une enquête, et l'aisance, le

30. Georges Simenon, *L'Ombre chinoise*, Fayard, 1932, p. 7.
31. *Ibid.*, p. 99.

naturel de son comportement quand il aborde ses interlocuteurs, quels que soient leur origine, leur rang social, leurs conditions de vie, leur fortune et le métier qu'ils exercent.

En l'occurrence, ceux-ci appartiennent à trois milieux différents, presque antagonistes, symbolisés par trois lieux de Paris : la place des Vosges précisément, Pigalle (et ses cabarets) et le boulevard Haussmann, qu'incarnent trois femmes : Juliette Martin, qui a été la première épouse de Raymond Couchet, Germaine Couchet, sa deuxième épouse, et Nine Moinard, sa maîtresse, une « assez jolie fille », dont la façon « de se maquiller, de tenir son sac et ses gants, de regarder les gens d'un air agressif [trahissent] les coulisses d'un music-hall[32] ».

S'il les interroge chacune pareillement, Maigret se sent toutefois plus proche de Nine Moinard, sans doute à cause de ses origines modestes, et ne peut s'empêcher d'éprouver de l'antipathie envers Juliette Martin et son nouveau mari, Edgar Martin, un fonctionnaire de l'Enregistrement.

Leur existence mesquine et routinière, leurs travers petits-bourgeois, leur pitoyable espoir de devenir riches un jour, c'est ce qu'il ne peut supporter, qu'il déteste par-dessus

32. *Ibid.*, p. 23.

tout. Voilà pourquoi il est question de la « tenue lamentable » d'Edgar Martin, de son air « tragique et grotesque », de ses mains s'agitant dans le vide, de sa crise de larmes « tragique, comique, odieuse », de ses gestes brusques et ses « gesticulations » qui, à un moment donné, font tomber « dans un fracas de lampes brisées[33] » son appareil de TSF.

Et voilà pourquoi aussi Juliette Martin est dépeinte sans la moindre touche positive : les cheveux grisonnants qui lui collent aux tempes, les lèvres décolorées, maigre, « les omoplates saillantes sous la chemise de nuit ». D'où cette phrase terrible, au chapitre IX, lorsque Maigret apprend que les Martin « passent leur vie à se disputer » : « Maigret ne broncha pas. Il s'était enfoncé jusqu'au cou dans toute cette saleté quotidienne, plus écœurante que le drame lui-même[34]. » Par les nombreuses questions qu'il pose, Maigret exorcise le poids, la force des habitudes qui ponctuent la vie des individus, surtout lorsque ces habitudes sont les plus sordides et pesantes.

Il n'en reste pas moins qu'il s'agit toujours d'un exercice pénible pour lui ; à la fin de *L'Ombre chinoise*, Maigret a « un affreux mal de tête » à telle enseigne qu'il ne voit rien autour

33. *Ibid.*, p. 186.
34. *Ibid.*, p. 194.

de lui et doit entrer dans une pharmacie du 11e arrondissement pour avaler un cachet. « Les bruits de la ville, écrit Simenon, se confondaient avec d'autres, avec des voix surtout, qui continuaient à résonner sous son crâne[35]. »

Les derniers paragraphes de *L'Ombre chinoise* indiquent comment, au terme d'une enquête difficile et épuisante, Maigret en arrive à décompresser. Son grand remède, peut-être son seul remède, est de rentrer le soir chez lui, dans son appartement douillet du boulevard Richard-Lenoir (11e arrondissement), d'y retrouver sa femme et de dîner en tête-à-tête avec elle, en causant de choses et d'autres à bâtons rompus. Cette fois, de retour à la maison, il est tout heureux de constater que sa belle-sœur et son beau-frère sont venus d'Alsace leur rendre visite à Paris et qu'ils ont apporté un cruchon de mirabelle ainsi qu'un jambon fumé. Et, à neuf heures, après le repas, il joue au nain jaune en leur compagnie, alors que la mirabelle parfume la salle à manger et que Mme Maigret rit à tout moment aux éclats, parce qu'elle n'est jamais parvenue à connaître les cartes et qu'elle fait « toutes les bêtises imaginables ».

Et cela le détend bien, comme s'il prenait un

35. *Ibid.*, p. 249.

bain chaud. « Il n'avait plus mal à la tête[36] », ajoute Simenon, qui a horreur de laisser son personnage favori dans la désolation ou dans la gêne.

Cela ne l'empêchera tout de même pas de se débarrasser de lui après avoir achevé à Porquerolles *Maigret* – *Maigret* tout court, on le rappelle –, le seul des titres des dix-neuf romans écrits de 1931 à 1933, où apparaît en toutes lettres le nom du mythique policier. Le seul, oui. Parce que son auteur considère qu'il a fait le tour du personnage. Et parce qu'il a un besoin pressant de publier autre chose, des romans plus ambitieux, plus littéraires.

Et puis Paris ne l'intéresse plus. Il y a vécu dix années, dix années fébriles, bouillonnantes, mais il estime à présent que c'est déjà trop. Il a envie de « courir », de courir « sans fin, après l'homme, après la vie », pour « apprendre[37] ». Et puis il a conscience d'être devenu *persona non grata* aux yeux des locataires du 21, place des Vosges, qui lui reprochent d'avoir fait trop de mauvaise réclame à leur logis et à leur quartier si paisible, en publiant *L'Ombre chinoise* et qui le regardent désormais comme un paria.

36. *Ibid.*, p. 252.

37. Georges Simenon, *Mémoires intimes*, « Tout Simenon 27 », *op. cit.*, p. 722.

LE PARIS
DE LA MÉMOIRE

À la poursuite des hommes *nus*

Au printemps 1932, Simenon quitte Paris et s'installe avec Tigy et Boule[38] à La Richardière, une gentilhommière située à Marsilly, en Charente-Inférieure[39]. En réalité, cette imposante demeure campagnarde lui sert de point de chute, tant il va et vient, voyage, à la fois pour son plaisir et pour rapporter de ses périples articles et reportages.

Dans la presse, on ne compte plus les papiers et les annonces publicitaires qui vantent les belles croisières et font l'apologie de l'aventure exotique. On y prône à l'envi le goût de l'évasion sur des paquebots de luxe, dont le *Normandie* est le fleuron, on exalte un concept tout neuf, le tourisme international, à grand renfort de guides et de magazines illustrés dans lesquels une nouvelle race de journalistes, qu'on appelle les « envoyés spéciaux », racontent alertement les soubresauts du monde ; parmi eux, nombre de plumes fameuses : Joseph Kessel, Albert Londres, Henri Béraud, Paul Morand, Pierre Mac Orlan, Blaise Cendrars...

38. Sa servante, Henriette Liberge, voir page 36.
39. Charente-Maritime depuis 1941 (N. de l'É.).

Simenon a la bougeotte. Il est en Allemagne, en Turquie, en Afrique, à la recherche de « l'homme nu », de « l'homme tel qu'il est », selon les formules qu'il aime et qu'il ne cesse de répéter. Il est en Tunisie, à Tahiti, en Équateur, aux lointaines et mystérieuses îles Galapagos. Il est en Pologne, en Lituanie, à Chypre. Il est à La Rochelle et à Cannes. Il voit, rencontre et croise, de près, de très près et de loin, des centaines de gens – des gens *nus* comme des gens célèbres, Adolf Hitler (à Berlin dans un ascenseur !), Mohandas Gandhi, Benito Mussolini, Léon Trotski (sur une île de la mer de Marmara) déjà entrevu à une terrasse de Montparnasse...

Mais ce n'est pas parce qu'il réside à La Richardière et qu'il parcourt la planète qu'il ne revient pas de temps à autre à Paris. Les bonnes raisons ne manquent pas. Une des plus importantes étant d'aller parlementer avec Arthème Fayard afin de lui proposer des romans sans Maigret, des romans « durs », comme dit Simenon, qui préfère cette expression à « romans psychologiques », qu'on pourrait, selon lui, appliquer à des histoires sentimentales, à l'instar de celles qu'il a rédigées pour les collections populaires.

Arthème Fayard est réticent. Il a à l'esprit les œuvres d'Arthur Conan Doyle où n'apparaît pas

Sherlock Holmes et qui n'ont pas eu de succès. Cependant, les aventures de Maigret ayant fait connaître le nom de Simenon, il se résigne à publier ces romans « durs » – neuf au total, dont deux seulement se déroulent en tout ou en partie à Paris : *Les Fiançailles de M. Hire* (1933) et *L'Âne-Rouge* (1933), où Simenon évoque la rue Caulaincourt qui lui est si chère.

Une autre bonne raison de venir passer quelques jours à Paris est la projection du long métrage réalisé en 1932 par Jean Renoir, avec son frère Pierre dans le rôle du commissaire Maigret : *La Nuit du carrefour*. Elle a lieu dans une salle de spectacle inaugurée à peine trois ans plus tôt, le théâtre Pigalle, 10-12, rue Pigalle dans le 9e arrondissement (ce théâtre a disparu en 1949). Ce tout premier film mettant en scène Maigret est remarquable : il est même considéré par des spécialistes du septième art comme le meilleur Maigret à l'écran. En 1932, il est pourtant mal accueilli par la critique. Dans *Pour Vous*[40], Nino Frank note, en date du 28 avril 1932 : « Ce qui fait la personnalité de Maigret, c'est peut-être son absence de personnalité... C'est un policier banal, un professionnel sans génie... Il fait son métier, il ne comprend pas dès la première image (il est même moins fort que le

40. Revue française hebdomadaire de cinéma, dont le premier numéro est paru en 1928 et le dernier en 1940.

public), il n'a pas l'air de gagner un demi-million par an et semble faire le Sherlock par passe-temps[41]. »

La troisième raison pour venir à Paris est de voir Gaston Gallimard que lui ont naguère présenté Joseph et Georges Kessel, ainsi que Florent Fels (depuis lors directeur du magazine *Voilà*), l'éditeur étant désireux de publier à la NRF les meilleurs écrivains contemporains. La rencontre se tient dans ses bureaux au 5, rue Sébastien-Bottin (depuis 2011, rue Gaston-Gallimard), dans le 7e arrondissement, et se conclut par un accord des deux hommes, deux caractères pourtant bien trempés. Mais les conditions de leur contrat, signé le 18 octobre 1933, sans avantager tout à fait Simenon, lui sont favorables en lui offrant notamment la possibilité d'avoir des droits secondaires (traductions et adaptations) de soixante-quinze pour cent, sous la condition qu'il les négocie lui-même avec d'éventuels partenaires.

Du *Locataire* en 1934 au *Bilan Malétras* en 1948, Simenon livre cinquante-deux titres à la NRF. La seule année 1938, il en publie onze coup sur coup, record absolu pour la prestigieuse maison d'édition, ce qui ne plaît d'ailleurs pas à

41. Cité par Claude Gauteur, *D'après Simenon, du cinéma à la télévision*, Bruxelles, Les Amis de Georges Simenon, 2012, p. 67.

son animateur, Jean Paulhan, qui y incarne une certaine littérature plus classique... « Simenon, dira-t-il, est une sorte de Balzac pour les pauvres (d'esprit) [...][42] ! »

Au sein de cet ensemble impressionnant, il n'y a toutefois que quinze ouvrages dont l'action se déroule en tout ou en partie à Paris, et seulement cinq avec Maigret, Simenon s'étant résolu, à la fin des années 1930, à donner une seconde vie à son commissaire, d'abord au travers de nouvelles publiées dans des journaux ou des mensuels, puis dans des romans « durs » : *Cécile est morte* (1942), *Les Caves du Majestic* (1942), *Signé Picpus* (1944), *Félicie est là* (1944) et *Les Nouvelles Enquêtes de Maigret* (1944). Quinze sur cinquante-deux, c'est donc moins d'un tiers, et cela permet, en 1938, aux services commerciaux de la *NRF* de distribuer une brochure intitulée « La géographie de l'œuvre de Simenon », sur laquelle sont tracées une carte du monde et une carte de la France comportant les noms des lieux où sont situées ses intrigues et où il a recherché passionnément des hommes *nus*.

 42. Cité par Laurence Brisset, *La NRF de Paulhan*, Gallimard, 2003, p. 366.

La ville des souvenirs

En 1938, Simenon emménage à Nieul-sur-Mer, en Charente-Maritime, et à partir de 1941, à Fontenay-le-Comte puis à Saint-Mesmin-le-Vieux, deux châteaux en Vendée où il demeure jusqu'à la fin de l'Occupation.

En octobre 1945, il gagne l'Amérique du Nord. Deux mois plus tard, alors qu'il s'est enquis d'une secrétaire bilingue, il est subjugué par une jeune Canadienne de vingt-cinq ans, Denyse Ouimet, qui devient aussitôt sa maîtresse – coup de foudre qui lui inspire un roman plus ou moins autobiographique, *Trois chambres à Manhattan*, publié en 1946 par les Presses de la Cité que vient de fonder Sven Nielsen (d'origine danoise) et chez qui il publiera dorénavant tous ses livres.

Mais ce n'est qu'en juin 1950, à Reno dans le Nevada qu'il divorce d'avec Tigy et épouse, le même jour, Denyse Ouimet, qui lui a donné quelques mois plus tôt son deuxième fils, Jean dit Johnny, le premier, Marc (le futur mari de la comédienne Mylène Demongeot), étant né, lui, en 1939 à Uccle (il décédera à Paris en 1999, à la suite d'une chute accidentelle). De ces secondes noces naîtront par la suite Marie-Jo (1953), qui s'est suicidée à Paris en 1978, et Pierre (1959), auteur en 2015 d'un livre intimiste sur son père[43].

Au Canada et aux États-Unis, où il habitera jusqu'en janvier 1955, Simenon est d'une créativité renversante, quasi diabolique : il écrit quarante-neuf romans (dont une douzaine s'y déroulent et correspondent à ce qu'il découvre sur place). Mais ce qu'il faut surtout remarquer, c'est que Paris est le décor de vingt-six d'entre eux : huit romans « durs » et dix-huit aventures de Maigret.

On est ici dans l'œil même de ce cyclone romanesque, au cœur du génie de Simenon, lequel est au premier chef un extraordinaire écrivain du souvenir, un écrivain que nourrit l'éloignement et que fortifie le temps qui passe, un écrivain qui *voit* le passé, émoustillé par les innombrables flux et reflux de sa mémoire. Et cela explique pourquoi le Paris qu'il décrit au cours de cette période est davantage celui des années 1920-1930, – le Paris où il vivait entre 1922 et 1932 – , que celui d'après la Seconde Guerre mondiale.

C'est le Paris de ses premières impressions, de ses premières sensations, de ses premiers émois, des premières images qu'il a enregistrées ;

43. *De père à père*, Flammarion, 2015.

le Paris sentimental et populiste fleurant bon la baguette de pain, les œufs durs à la mayonnaise, le petit blanc sec et le gros rouge, le paquet de Celtic ou de Gauloises bleues, le crachin, l'odeur des égouts, de la toile cirée et du zinc... Le Paris intime et parfois secret des photos de Brassaï, d'André Kertesz, d'Henri Cartier-Bresson, de Robert Doisneau, de Willy Ronis ou de René-Jacques, des films de Jean Renoir, de Marcel Carné ou de Julien Duvivier, des chansons de Maurice Chevalier, de Mistinguett et de Fréhel, des peintures d'Albert Marquet, de Maurice Utrillo ou de Jean-Gabriel Daragnès, hélas trop méconnu, mais porté aux nues par le merveilleux chantre de Paris, Léon-Paul Fargue...

Par exemple, dans *L'Escalier de fer* (1953), un de ses romans « durs » les plus remarquables, Simenon dépeint un hôtel Beauséjour, qu'il situe rue Lepic (alors que le vrai hôtel Beauséjour, où il a loué un meublé avec Tigy, se trouve, on l'a dit, rue des Dames), les baraques foraines de stands de tirs et les manèges sur le boulevard de Clichy et le boulevard Rochechouart ; il évoque des draps noirs suspendus à la porte des maisons quand a lieu un enterrement ; il mentionne aussi le best-seller des années 1910-1920, *La Vie des Insectes,* de l'entomologiste Jean-Henri Fabre ... Et c'est aussi vrai quand, en 1955, dans *Maigret et le corps sans tête* il décrit les quais bordant le canal Saint-Martin, passage presque obligé de la littérature d'inspiration parisienne depuis Émile Zola. En le lisant, on ne peut pas ne pas songer à *Hôtel du Nord*, le roman d'Eugène Dabit publié en 1929, et au film éponyme qu'en a tiré Marcel Carné en 1938.

Simenon est de retour en Europe en 1955. Il va d'abord résider sur la Côte d'Azur où il écrit dix romans. Puis, en 1957, il émigre sur les rives du lac Léman en Suisse, successivement à Échandens et à Épalinges, où, jusqu'en 1972, cinquante-deux romans verront le jour.

Sur ceux-ci, quarante-six romans, oui quarante-six, se déroulent à Paris, entièrement ou en grande partie !

Et cette fois, le Paris de Simenon est presque toujours le Paris contemporain, même si, çà et là, au détour d'une intrigue, resurgissent des références au Paris des années 1920. Ainsi, dans *Il y a encore des noisetiers* (1969), le héros, un homme âgé, François Perret-Latour, se souvient des Champs-Élysées de son enfance, « quand il n'y avait pratiquement pas de magasin[44] ».

Ce qui renvoie à un passage de la dictée *Un banc au soleil* (1977) : « Les Champs-Élysées n'avaient pas encore un seul magasin. Il n'y

44. Georges Simenon, *Il y a encore des noisetiers*, Œuvres complètes XLI, Lausanne, Rencontre, 1970, p. 384.

avait aucune enseigne, ni au néon, ni autre. Le seul point légèrement lumineux, le soir, était le Fouquet's, qui existait déjà, mais qui était réservé à un milieu ultra "select". Les autres immeubles étaient surtout des hôtels particuliers, quelques immeubles locatifs dont les appartements n'étaient occupés que par ce qu'on appelle le gratin. Dans les cours, on voyait des chauffeurs astiquer du matin au soir d'immenses voitures de maître qui étaient alors des Hispano-Suiza, des Daimler ou des Rolls, chacune avec sa carrosserie signée d'un des deux ou trois grands carrossiers de Paris. De tous ces hôtels particuliers, le plus imposant, malgré son mauvais goût, appartenait et était occupé par un vieux monsieur qui s'appelait Dufayel. Il avait eu l'idée de créer de grands magasins, boulevard Barbès [...] où l'on vendait de tout, depuis le fil à coudre, des vêtements de confection, des batteries de cuisine et des mobiliers complets. [...] C'était en 1923 ou 1924[45]. »

Constatation importante, significative : les romans parisiens de Simenon couvrent les vingt arrondissements et constituent une vaste et chatoyante fresque de la capitale, sans aucun équivalent dans la littérature du XXe siècle. Certains quartiers sont, il est vrai, plus *visités*

45. Georges Simenon, *Un banc au soleil*, « Tout Simenon 26 », *op. cit.* p. 1003-1004.

que d'autres : le quai des Orfèvres, bien sûr, et ceux dans lesquels Simenon a vécu ou qu'il a beaucoup fréquentés, comme la place des Vosges, les Champs-Élysées, Pigalle, les Batignolles-Monceau, Montparnasse. Et aussi le boulevard Richard-Lenoir, qu'il n'évoque pas seulement parce que Maigret y a élu domicile, mais qu'il mentionne aussi dans une demi-douzaine de romans « durs », dont *Les Quatre Jours du pauvre homme* (1949) et *Le Petit Saint* (1965), où derechef il s'attarde sur les rapins de Montparnasse des années 1920. (Depuis 1859, ce boulevard recouvre une partie du canal Saint-Martin et des quais de Valmy et de Jemmapes. Il doit son nom au manufacturier d'étoffes François Richard et à son principal associé Joseph Lenoir Dufresne.)

Dans cette fresque, un homme va et vient sans discontinuer, à pied, en autobus, en voiture banalisée, en taxi.

C'est Maigret, bien sûr.

Le voyageur de Paris

Car Maigret, Jules Maigret le provincial, le campagnard né « non loin de Moulins[46] », est, on y a déjà fait allusion, un personnage en perpé-

46. Cette précision se trouve dans *Les Mémoires de Maigret*, Presses de la Cité, 1951.

tuelle déambulation. Son circuit le plus habituel consiste à partir du boulevard Richard-Lenoir, *grosso modo* à hauteur de la rue Saint-Sébastien, jusqu'au quai des Orfèvres (cité mille quarante-trois fois dans la saga du commissaire !). Puis, de là, à se rendre aux quatre coins de Paris, sur les multiples scènes de crime.

Toutefois, par rapport aux centaines de personnages non récurrents créés par Simenon, Maigret, lui, est « le médecin de service de Paris », pour reprendre une belle et heureuse formule de Pierre Mac Orlan, un esculape dont l'improbable stéthoscope serait le flair, le sixième sens (ou le énième), un thérapeute chargé de vérifier « les congestions possibles » et « ces sortes d'attaques d'apoplexie auxquelles les grandes villes d'Europe sont parfois sujettes ». Plus qu'aucun autre, il est la mémoire vivante, la mémoire charnelle, de la capitale. Il l'a tant et tant parcourue et sillonnée depuis ses débuts dans la Police judiciaire qu'il la connaît par cœur et chaque endroit lui rappelle quelque chose. Ce peut être une simple odeur, une vague couleur, le goût d'un demi bu à la hâte, un détail insolite dans la décoration d'un restaurant où il s'est attablé, les contours évanescents d'une silhouette entr'aperçue.

Avec l'âge, tous ces souvenirs et réminiscences consolent le commissaire vieillissant, comme l'écrit Simenon dans une des pages du très parisien *Maigret et le voleur paresseux* (1961) où l'intrigue oscille entre quatre quartiers en vue de Paris : l'Étoile, l'Opéra, le Marais et Montmartre ; et souvent ils le ramènent à son propre passé, surtout dans les quelques romans de la saga où il approche de la retraite (par exemple dans *Maigret a peur* de 1953, et *Maigret et les témoins récalcitrants* de 1958).

Dans *L'Amie de Madame Maigret* (1949), un hôtel montmartrois, presque borgne, Le Beauséjour[47], – dont on ne voit que la porte étroite entre deux boutiques, une charcuterie et une épicerie – ravive ainsi chez le *médecin de service* qu'il est de vieilles sensations : « L'odeur lui rappelait l'époque où [...] il faisait partie de la Brigade des garnis et passait ses journées à aller de meublé en meublé. Cela sentait à la fois la lessive et la sueur, les lits pas faits, les seaux de toilette et la cuisine réchauffée sur une lampe à alcool[48]. »

Dans *Maigret et le client du samedi* (1962), on assiste clairement aussi à un retour en arrière.

47. Voir page 71.
48. Georges Simenon, *L'Amie de Madame Maigret*, Œuvres complètes XV, Lausanne, Rencontre, 1970, p. 69.

Ici, le commissaire doit se rendre rue Tholozé, à Montmartre, « une rue sans issue, qui se termine par un escalier de quelques marches », au pied duquel un certain Léonard Planchon, justement son « client du samedi », occupe « un pavillon dans une cour ». Dès qu'il arrive sur les lieux, Maigret ne peut pas s'empêcher de songer à sa première visite, après avoir débarqué à Paris « par un matin frileux mais ensoleillé de printemps ». À l'époque, raconte Simenon, Maigret « s'était cru transporté dans un tableau d'Utrillo ». « Bien plus que la place du Tertre, devenue une trappe à touristes, la place des Abbesses avec sa bouche de métro, son théâtre de l'Atelier qui avait l'air d'un jouet ou d'un décor, ses bistrots, ses boutiques, représentait aux yeux du commissaire le vrai Montmartre populaire [...]. Cela grouillait de petit peuple, de gens d'alentour qui allaient et venaient comme ceux d'un gros bourg un jour de marché, et on aurait dit que, comme dans un village aussi, il existait entre eux un air de famille[49]. » On n'a aucune peine ici encore à voir en transparence, à travers ce souvenir, l'auteur lui-même accompagné de Tigy découvrant pour la première fois le fameux Montmartre des artistes.

Gros bourg, village – on ne saurait mieux dire.

49. Georges Simenon, *Maigret et le client du samedi*, Œuvres complètes XXII, Lausanne, Rencontre,1970, p. 292-293.

Comme si chaque quartier de Paris était un monde clos, un monde en soi pouvant « vivre en autarcie », selon l'expression de Léon-Paul Fargue[50]. Au chapitre VI de *Maigret et l'indicateur* (1971), on peut du reste lire cette phrase : « Maigret connaissait assez Montmartre pour savoir que c'est une ville à part dans la ville. Certaines gens ne descendent jamais plus bas que la place Clichy[51]. » Deux *autres villes à part dans la ville* sont décrites dans *Maigret et l'indicateur* : le quartier de Pigalle et le quartier des Halles. D'où une accumulation inouïe de noms de voies et de places : place du Tertre, rue Fontaine, avenue Junot, rue Ballu, rue Tholozé, rue Victor-Massé, rue Servan, rue Notre-Dame-de-Lorette, rue Castiglione (et on en trouve bien le triple)...

Énumération que l'on retrouve dans la majorité des autres aventures de Maigret, en particulier dans *Maigret et la jeune morte* (1954), où le commissaire n'arrête pas non plus de déambuler de gauche à droite, d'*investir* Paris de ses pas, de ses regards, de ses sensations, de ses souvenirs, interrogeant les uns et les autres sans avoir « l'air d'y toucher » par des questions qui font mouche neuf fois sur dix.

Ainsi marche-t-il de la rue de Vintimille,

50. Léon-Paul Fargue, *Les XX arrondissements de Paris*, Paris-Lausanne-Bâle, Vineta, 1951, p. 39.

51. Georges Simenon, *Maigret et l'indicateur*, Presses de la Cité, 1971, p. 193.

« un îlot paisible », « à deux pas » de la place Blanche, vers la gare de Lyon, puis rue de La Rochefoucauld sur son « trottoir à peu près désert », rue de Clichy et ses immeubles bourgeois, rue de Douai et ses magasins. Il chemine au palais de Justice, à la rue du Chemin-Vert, à la rue de l'Étoile, à la rue de Ponthieu, qui est « un peu comme la coulisse des Champs-Élysées, ou comme son escalier de service », vu que chaque « grande artère de Paris » possède, « souvent parallèle à elle, une rue plus étroite et animée où l'on trouve des petits bars et des boutiques d'alimentation, des restaurants de chauffeurs et des hôtels bon marché, des coiffeurs et des représentants des petits métiers[52] »... Et, tout en cheminant à travers les vingt arrondissements, il s'accorde volontiers des moments de détente, pour avaler un coup de blanc, vider un verre de bière fraîche ou manger de bon appétit.

Paris introuvable

Oui, les romans parisiens couvrent les vingt arrondissements et constituent une vaste et chatoyante fresque de la capitale. Ce sont tous, sans mauvais jeu de mots, des romans

52. Georges Simenon, *Maigret et la jeune morte*, Lausanne, Œuvres complètes XVIII, 1970, passim.

d'*atmosphère*, des romans qui expriment ce climat à nul autre pareil de la Ville Lumière (expression que l'on doit, dit-on, à l'inventeur de l'éclairage au gaz, Philippe Lebon, dans les années 1830), non pas tant parce que leur auteur y accumule, parfois jusqu'à l'excès, les noms de lieux, que parce qu'ils contiennent une multitude de détails et de notations symptomatiques.

Et ce sont tous ou presque, on l'a vu, des romans de la mémoire, les romans d'un écrivain qui se souvient. Et peut-être n'aurait-il pas si bien réussi à restituer cette ambiance s'il les avait écrits à Paris, s'il s'était contenté de raconter ce qu'il avait sous les yeux, ce qu'il voyait de sa fenêtre, place des Vosges ou ailleurs dans Paris – étrange et fascinant paradoxe qui contribue à rendre cette fameuse atmosphère si dense et si juste.

Dans ces conditions, il serait mal venu de reprocher à Simenon d'avoir tantôt eu recours à des noms de lieux qui n'existent pas dans la réalité, tantôt d'avoir introduit des anomalies géographiques ou des approximations mineures (par exemple rue Théophile-Gautier pour avenue Théophile-Gautier ou rue Pichat pour rue Laurent-Pichat), tantôt encore d'avoir transféré, volontairement ou non, les caractéristiques d'un endroit à un autre, par exemple dans *Maigret et le client du samedi* (1962) celles de la place Charles-Dullin à la place des Abbesses (dans le 18e arrondissement toutes les deux).

Mélanger la réalité et la fiction, le vrai et l'imaginaire, est l'apanage du romancier, y compris du romancier réaliste, soucieux d'être le plus possible en phase avec la vérité, à condition de considérer, comme devait l'écrire Bertolt Brecht, que le réalisme ne consiste pas à dire des choses vraies, mais à dire ce que sont vraiment les choses. En cela, les erreurs matérielles de Simenon, quelle que soit leur raison d'être, ne sont pas critiquables. En même temps, il est utile de les évoquer car elles font partie intégrante de son art et elles montrent bien comment chez lui s'accomplit « l'alchimie du verbe ».

On observera aussi que certaines erreurs commises par Simenon sont en fait des changements d'appellations entre l'époque où il les a connues et celle de l'écriture du roman. Dans *Maigret et l'homme du banc*, qui date de 1953 et que Simenon a rédigé à Lakeville aux États-Unis, il est ainsi question d'une maison meublée de la rue d'Angoulême, laquelle est devenue, en 1944, la rue Jean-Pierre-Timbaud

(11e arrondissement) du nom d'un otage fusillé par les Allemands. Et il y est également question de la rue de Bondy, une ancienne artère du 10e arrondissement devenue, en 1944, la rue René-Boulanger du nom d'un résistant incarcéré et tué à Nantes.

En 1948, l'avenue d'Orléans, dans le 14e, a été rebaptisée avenue du Général-Leclerc. Et pourtant dans plusieurs romans postérieurs tels qu'*Une vie comme neuve* (1951), *Les Scrupules de Maigret* (1958) et *Les Innocents* (1972), Simenon continue de l'appeler par son ancien nom, alors qu'il fait référence à l'avenue du Général-Leclerc dans *Le Chat* (1967), l'admirable *Novembre* (1969) et *La Cage de verre* (1971)...

Ces changements onomastiques mis à part, on pourrait établir une carte des lieux introuvables dans les romans parisiens de Simenon, arrondissement par arrondissement : place Saint-Paul, quai de l'Arsenal, quai de Charenton, square Sébastien-Doise, rue Lecœur, rue Lopert, rue de Minage, pont des Célestins, pont Henri-IV, cité Chomet, station Championnet, porte Péreire, porte de Flandre... Autant d'inventions, de licences romanesques. Le plus étonnant est qu'elles sont toutes vraisemblables et qu'on pourrait les situer chacune avec précision.

UN MONOLOGUE SENTIMENTAL

Un nouveau « jouet »

Le dimanche 18 septembre 1972, Simenon est chez lui à Épalinges, à dix-sept kilomètres de Lausanne, dans une énorme bâtisse, mi-villa de luxe mi-castel, qu'il s'est fait construire et où il s'est cloîtré depuis près de neuf ans. Depuis 1964, il est séparé de Denyse, qui subit sans arrêt des cures de désintoxication et auprès de laquelle l'existence quotidienne a peu à peu viré au cauchemar. À présent, il vit avec Teresa Sburelin, la femme de chambre italienne que Denyse a engagée en 1961 et qui le comble sexuellement. Le bonheur. Ou quelque chose qui y ressemble.

Lorsqu'il gagne son bureau et qu'il s'y enferme, Simenon se sent dispos. Comme chaque fois qu'il est sur le point de commencer un nouveau roman (le dernier, *Maigret et M. Charles,* est achevé depuis sept mois), il se plie à un petit rituel auquel il n'a presque jamais dérogé et dont il a, de longue date, établi les drôles de règles : s'asseoir à sa table de travail, tailler ses crayons, toujours du même modèle, prendre une large enveloppe de couleur jaune (invariablement jaune), inscrire dessus l'identité des principaux protagonistes à mettre en scène et, au besoin, leur âge, métier, détails physiques et traits de caractère.

Victor.

C'est le titre que Simenon vient de choisir et qu'il note aussitôt sur un coin de son enveloppe. À partir de quoi, en principe, tout devrait découler. Dans l'immense majorité des cas, le début d'un livre est lié chez lui, on l'a dit, à un souvenir sensoriel ou à l'évocation incontrôlée, incontrôlable, d'un visage, du profil d'un homme entrevu un jour lointain, à Liège, à Paris, à La Rochelle, à New York, à Cannes, sur les rives du lac Léman... Ou encore à une mimique, à un geste vague, à l'imperceptible déhanchement d'une femme marchant au milieu de la rue ou franchissant d'un air lascif la porte de sa chambre à coucher.

Mais ce dimanche 18 septembre 1972, bizarrement, rien de tel ne se produit. Rien. Le néant. Le vide. Une affreuse, une terrible sensation d'impuissance. Ce que les critiques appellent le vertige de la page blanche. Chose qu'en cinquante années d'écriture ininterrompue Simenon n'a jamais connue et à laquelle pas une seconde il n'a songé. Elle représente soudain à ses yeux une circonstance si singulière, si déconcertante et si grave qu'il prend immédiatement la décision, sans se torturer l'esprit ni tergiverser, de ne plus écrire d'œuvre de fiction.

Victor ne verra donc jamais le jour. Ni plus aucun autre roman.

Néanmoins, quelques mois après, Simenon se rend compte que son besoin de s'exprimer est toujours présent. Il a tant de choses à dire, d'idées à défendre ou combattre, d'images qui n'arrêtent pas de lui traverser l'esprit et qui, pour la plupart, viennent de son passé, de son parcours dans la jungle du monde.

La mémoire en marche – toujours en marche.

Bien résolu à ne pas se raviser et manquer à sa parole, il s'achète un magnétophone et en fait son confident.

« Un petit enregistreur a remplacé sur mon établi ma machine à écrire. Il est beaucoup moins impressionnant et, comme je n'avais jamais dicté jusqu'ici, c'est plutôt pour moi un jouet qu'un instrument de travail[53]. » Ces phrases figurent aux toutes premières pages d'*Un homme comme un autre*, la première des vingt et une dictées que Simenon publie aux Presses de la Cité, de 1975 à 1981. Et c'est là, contre toute attente, un type très original de littérature autobiographique. Ni *Journal* comme celui des frères Goncourt, ni *Mémoires*, à l'image de ceux de Chateaubriand ; ni non

53. Georges Simenon, *Un homme comme un autre*, *op. cit.*, p. 403.

plus *Bloc-notes*, du genre de celui de François Mauriac, ni *Confessions*, inspirées par Jean-Jacques Rousseau ; ni même chronique des jours qui passent et qui ne passeront malheureusement plus, du type de celle d'Alexandre Vialatte.

Il s'agit plutôt d'un monologue sentimental. Mais dans le plus grand désordre et sous la forme la plus mêlée, la plus éclatée et la moins construite : aveux – aveux sinistres et pipi-caca compris –, ragots, potins, pensées éparses, réminiscences, cris et chuchotements, déclarations et sentences, commérages et bavardages. En vrac. Du moins, dans ses premières dictées, les dernières tournant davantage autour d'un thème général, à l'instar de la vingtième, *La Femme endormie*, publiée en mars 1981, où, comme l'indique le titre, il est presque exclusivement question de femmes – de « la » femme, « la femme tout entière mais naturelle », du « culte » qu'il prétend lui vouer, des « maîtresses » et des « épouses », des « petites » et des « grandes bourgeoises », des prostituées, de « la femme-objet[54] », des choses de l'amour et des choses du sexe... avec des répétitions, ou plutôt de nombreuses redites dans lesquelles on peut voir – on *doit* voir – des insistances volontaires.

54. Georges Simenon, *La Femme endormie*, « Tout Simenon 27 », *op. cit.*, *passim*.

Comme si Simenon éprouvait sans cesse le besoin de se justifier, de légitimer les faits et gestes de chaque époque de sa vie. D'expliquer les étapes de son incroyable itinéraire dans l'univers populeux de la littérature. De rompre des barrières. De rendre des comptes. De faire des mises au point. Pour affirmer haut et fort, notamment, que Maigret n'est pas son double, ni une « sorte de copie » de lui même, quoique leur « collaboration » ait duré cinquante ans : « Je m'inscris en faux », dit-il dans *Des traces de pas* (1975), sa deuxième dictée. « Lorsque j'ai écrit les premiers *Maigret*, je ne savais pas qu'il y en aurait d'autres. Dans les tout premiers, il ne jouait qu'un personnage épisodique. Ensuite il a été surtout une silhouette : grand, gras et lourd, s'imposant surtout par sa placidité. Ni au physique, ni au moral, cette description ne s'accorde avec mon caractère. Plus tard, Maigret est devenu moins synthétique. Que je lui aie donné, à mon insu, certaines de mes idées, certains détails de mon comportement, c'est possible. Mais, jamais, il n'a été moi[55]. »

Alors même que personne ne viendrait l'accabler s'il s'abstenait de livrer les tenants et abou-

 55. Georges Simenon, *Des traces de pas*, « Tout Simenon 26 », *op. cit.*, p. 600.

tissants de sa vie privée au public. Comme si, surtout, il craignait qu'on ne le comprenne pas. Qu'on ne comprenne ni l'homme qu'il a été et qu'il est désormais, ni l'extraordinaire romancier qu'il est devenu.

Comme s'il avait toujours peur d'être perçu comme une bête curieuse. Tant, il est vrai, ont été rabâchées à son propos, depuis la parution de ses premiers livres signés de son patronyme en 1931, les formules à l'emporte-pièce telles que « le cas Simenon », « le phénomène Simenon », « l'énigme Simenon », « le mystère Simenon » et même « le miracle Simenon ».

Comme s'il voulait coûte que coûte nous imposer sa propre image.

Le résultat est une espèce de fourre-tout gigantesque, unique en son genre : des pages, navrantes, consternantes, irritantes, inintéressantes, déplorables, pitoyables, puériles, idiotes... Et d'autres, pourtant, qu'on ne se lasse pas d'admirer, d'une formidable justesse, pleines de vérités bonnes à dire, dites sur le ton juste, avec des mots de tous les jours.

Il s'agit d'un magma bouillonnant de phrases sur de multiples sujets : les rêves, les maladies, les honneurs, les gens de lettres, les couples, les enfants, les dimanches, la vieillesse, les pipes, le courrier, le Tour de France...

Tantôt à prendre, tantôt à laisser... ou carrément à jeter aux orties !

Dans ces dictées, ce qui étonne le plus n'est pas tant que Simenon ait entrepris de parler de tout et de rien, ou qu'il se soit plu à mêler souvenirs, anecdotes, confidences et appréciations diverses ; c'est qu'il ait bâti, en une demi-douzaine d'années à peine, un corpus de vingt et un volumes qui n'ont pas grand-chose à voir avec ses deux cents et quelques romans patronymiques dont chacun sait à quel point ils sont purs – c'est-à-dire dépourvus de jugements, d'opinions et de thèses sur les gens et les multiples aléas de l'existence –, et à quel point ils se caractérisent par leur absence totale de parti pris, même quand ils remuent des histoires sordides et traitent de meurtres.

Par contraste, les œuvres autobiographiques d'André Gide et de François Mauriac, deux des plus célèbres admirateurs de Simenon, (de surcroît lauréats du prix Nobel de littérature en 1947 et en 1952), s'inscrivent dans le prolongement exact de leurs œuvres d'imagination et possèdent des tonalités très comparables.

Simenon a beau dire, il n'est pas et n'a jamais, non jamais, été *un homme comme un autre*.

Paris intime

Il n'y a, en somme, qu'un seul dénominateur commun entre les romans de Simenon et ses dictées : c'est l'omniprésence de Paris.

Dans ses dictées, l'essentiel de ses évocations a trait, et ce n'est pas une surprise, au Paris des années 1920, quand Simenon en faisait encore l'« apprentissage », ainsi qu'il le dit dans *Un homme comme un autre*, « en commençant par ce qui était à [sa] portée » : regarder les couples, « la façon de s'habiller des hommes et des femmes », observer « les visages et les corps en mouvement ». À l'époque, au Moulin Rouge, « dont les ailes illuminées tournaient lentement, le soir, dans l'obscurité, c'était encore un bal populaire. La salle était immense. Il y avait de petites tables autour de la piste, immense aussi, un mât, le long d'un mur, pour les professionnelles en robe du soir, ainsi qu'une rangée de loges où l'on ne servait que du champagne et où les hommes en smoking accompagnaient des femmes au cou emperlé[56]. » Et de préciser qu'il allait « très souvent » au Moulin Rouge en compagnie de Tigy et qu'il ne s'en lassait pas.

56. Georges Simenon, *Un homme comme un autre*, *op. cit.*, p. 437.

En revanche, dans la dictée *À l'abri de mon arbre* (1977), il dit qu'à l'époque il ne s'est rendu que deux ou trois fois au Casino de Paris, une seule fois aux Folies-Bergère et une seule fois également au Palace (ou Palace-Alcazar), 8, rue du Faubourg-Montmartre, dans le 9e arrondissement, un ancien cinéma transformé en music-hall et disparu en 1939.

L'évocation de ces établissements de plaisir frôle le poncif ; c'est un peu le péché mignon de l'auteur d'y sacrifier à diverses reprises dans son long monologue sentimental découpé en vingt et un épisodes. Néanmoins, à travers toute une série d'annotations et de menues anecdotes, Simenon fait voir certains aspects moins convenus de Paris et de la vie parisienne.

Quand, toujours dans *Un homme comme un autre*, il parle plus spécialement des autobus, il personnalise bel et bien ses impressions et par son témoignage, leur confère un réel intérêt historique. « En 1923, il n'y avait que des autobus à plate-forme et c'est sur cette plate-forme que je me tenais. J'avais l'illusion d'appartenir au paysage, d'appartenir à la foule grouillante sur les trottoirs et je ne prenais pas nécessairement l'autobus pour aller d'un point à un autre mais pour le plaisir de découvrir de nouvelles rues. Surtout les rues étroites, avec beaucoup de boutiques, avec beaucoup de femmes allant de l'une à l'autre, leur cabas sous le bras. [...] Ce qu'on appelait alors les Grands Boulevards représentait à peu près, en plus vivant, ce que sont les Champs-Élysées aujourd'hui. Je prenais l'autobus à la Madeleine, je me calais dans un coin de la plate-forme, je fumais ma pipe et je regardais, émerveillé. Il y avait encore des fiacres parmi les taxis, quelques calèches, souvent des femmes en grand apparat et, le soir, des hommes en haut-de-forme. Les terrasses étaient pleines et chacun des grands cafés, que ce soit le Napolitain, que ce soit le Café d'Angleterre, que ce soit le Madrid, avait une clientèle bien définie[57]. »

Il est question dans la même dictée, d'une gargote, passage Jouffroy (9e arrondissement), appelée les « Dîners de Paris », où pour trois fois rien, on avait droit à un « menu complet » : « des hors-d'œuvre (une sardine, quatre radis, ou un tout petit pot en terre cuite contenant des rillettes) ; une entrée (omelette pâle ou minuscule tranche de poisson) ; un plat garni (un peu de viande avec une pomme de terre ou une cuillerée d'épinards) ; un fromage ; un dessert[58] ». Simenon rapporte qu'il y a déjeuné tous les jours

57. *Ibid.*, p. 521. En 1931, Brassaï a réalisé une superbe photo du Café d'Angleterre, au coin du boulevard Montmartre et de la rue Drouot.
58. *Ibid.*, p. 424.

pendant un mois. Puis, comme il lui poussait des boutons sur le visage et le corps, a préféré, dit-il, changer de mode d'alimentation...

Plus loin, il parle aussi du ghetto du Marais, de « l'ancien Marais, où l'on n'avait pas encore remis à neuf les vieux hôtels particuliers peuplés d'artisans qui travaillaient surtout l'or et le diamant », ce ghetto que les habitants du quartier auraient du mal à concevoir de nos jours : « Parmi la population, il y avait beaucoup d'étrangers, presque tous juifs, venant de tous les coins de l'Europe. Ils avaient leurs magasins et même, rue des Rosiers, deux bordels. » Ce « ghetto » a semble-t-il fortement marqué Simenon car il l'évoque à nouveau dans deux dictées ultérieures, *De la cave au grenier* (1977) et *La Main dans la main* (1978). « J'ai vécu de nombreuses années place des Vosges, dans le quartier du Marais. Ce quartier, qui n'était pas encore devenu un quartier snob, comme la place des Vosges elle-même, gardait son identité. Il était même presque divisé en deux parties qui s'entendaient d'ailleurs à merveille. Y logeaient et y travaillaient les travailleurs en chambre du diamant, de l'or, des divers métaux précieux. C'était aux alentours de la rue des Francs-Bourgeois[59] d'où, depuis quelques années, on

59. Cette rue et ses alentours sont le cadre d'un beau et nostalgique roman publié en 1967 : *Le Déménagement*.

les expulse pour créer de grands appartements bourgeois. Tout à côté, il y avait le Mont-de-Piété, dernière ressource des pauvres gens, entouré de ruelles juives, qui ramassaient ce que le Mont-de-Piété ne voulait pas. Il y avait même, rue des Rosiers, si je me souviens bien du nom, une ruelle avec des maisons closes réservées aux israélites[60]. »

Dans les lignes qui suivent cette brève description du Marais de la fin des années 1920 et du début des années 1930, Simenon se souvient que si l'on allait à Barbès, « on trouvait des Algériens et d'autres Nord-Africains », que « de la porte Saint-Martin à la République, c'était tous les petits commerces, depuis les horlogers jusqu'aux éditeurs de chansons sur feuilles à dix centimes », que « la rue de la Gaîté était le centre des chanteurs et des chanteuses »...

« Paris était un grand village, un village aux multiples visages, où chaque bistro faisait encore venir le vin de chez son frère ou son beau-frère resté au pays et où, dans chacun, le vin était différent. Même l'atmosphère de la rue était différente d'un quartier à l'autre[61] [...] » Et là-dessus Simenon déplore que le béton ait détruit tout cela alors qu'au temps de son

60. Georges Simenon, *La Main dans la main*, « Tout Simenon 26 », *op. cit.*, p. 1375-1376.
61. *Ibid.*

« apprentissage » de Paris, « il n'était pas question de HLM, de tours, de tout ce qui isole l'individu et même la famille[62] ».

Cependant, la nostalgie qu'il manifeste au fil de ses vingt et une dictées chaque fois que ses souvenirs parisiens viennent lui titiller la mémoire, revêt parfois des accents ludiques. Au début d'*Au-delà de ma porte-fenêtre* (1978), en date du vendredi 26 novembre 1976, Simenon signale qu'existent aujourd'hui des professions, « dont on n'avait pas l'idée il y a encore cinquante ans ». Il en relève par contre une qui lui « paraît en régression » et qui l'amuse plutôt, celle de « tapeur professionnel ». Dans les années 1930, les tapeurs professionnels étaient nombreux, dit-il, et on les « rencontrait dans les établissements de luxe comme le Fouquet's, aux Champs-Élysées, dans les bars des grands hôtels, voire sur les champs de courses ». Et ils étaient souvent « pittoresques », comme le « Baron », qui était d'ailleurs un « authentique baron » et qui faisait son apparition, dès dix ou onze heures du matin, au Fouquet's, à cette époque la « Mecque du cinéma », le rendez-vous obligé des « producteurs, acteurs, bailleurs de fonds et jolies femmes » (Simenon ne cite pas les réalisateurs), avant de les aborder à tour de

 62. *Ibid.*

rôle et leur demander des sous, « comme s'il s'agissait de [leur] demander du feu[63] ».

Le portrait de cet extravagant « Baron » est savoureux et montre que, dictée ou pas, Simenon est resté, quatre ans après avoir renoncé au roman, un... romancier... et même carrément un sage féru d'humour noir puisque, dans *Au-delà de ma porte-fenêtre*, il se désole de ne pouvoir faire ni discours ni dictée le jour de sa mort, « étant donné que les morts ne parlent pas[64] »...

Paris dans la peau

Dans ses dictées *Vent du nord, vent du sud* (1976), *La Femme endormie* (1981) et *Destinées* (1981), la dernière et la plus courte des vingt et une, ainsi que dans ses *Mémoires intimes* (1981), son ultime testament littéraire et personnel écrit d'une toute petite écriture calligraphiée, Simenon parle à nouveau de son « apprentissage » de Paris, le leitmotiv (ou faut-il utiliser le terme de radotage ?) de ses récits autobiographiques : Montparnasse en train de devenir « le centre du monde, avec ses artistes venus des quatre coins d'Europe et même des États-Unis », les femmes qui aspirent à être « longilignes, sans seins,

63. Georges Simenon, *Au-delà de ma porte-fenêtre*, « Tout Simenon 26 », *op. cit.*, p. 1461-1462.
64. *Ibid.*, p. 1461.

sans fesses », et coiffées comme des hommes, *à la garçonne*, dont le roman éponyme de Victor Margueritte, publié en 1922, a lancé la mode, les gigolos, les « riches visiteuses étrangères », la rue de Lappe et ses « guinguettes mal famées », le jazz *New Orleans*, l'électrisante Joséphine Baker, Le Bœuf sur le toit, où l'on « rencontrait Cocteau avec son inséparable Radiguet », Francis Poulenc et Arthur Honegger... Avant de s'exclamer : « C'était l'époque... ». Puis de conclure : « Mais cela deviendrait fastidieux d'égrener ainsi les souvenirs[65]. »

Fastidieux ? Peut-être.

Ce qui est sûr, c'est que, jusqu'à la fin de son existence (il décède le 4 septembre 1989, à Lausanne), Simenon est resté comme obnubilé par ses dix années passées à Paris : elles ont non seulement imprégné, conditionné, contaminé, son œuvre entière, mais également sa mémoire, pour ne pas dire sa façon d'être et de vivre, sa façon de penser, de voir les gens, de voir le monde. Et pourtant, il n'y est revenu que de très rares fois après 1932, à croire qu'il en avait peur.

À moins que ce ne fût pour préserver ses souvenirs. Les garder intacts, immaculés.

Les avoir toujours dans la peau ■

65. Georges Simenon, *Vent du nord, vent du sud*, « Tout Simenon 26 », *op. cit.*, p. 917-918.

REPÈRES BIOGRAPHIQUES

1903 : Naissance le 13 février (un vendredi) à Liège, rue Léopold.
1919 : Entre à la *Gazette de Liége* [*sic*], où il s'occupe d'abord des « chiens écrasés ».
1920 : Publie à compte d'auteur son premier roman, *Au pont des Arches*, qu'il signe Georges Sim.
1922 : Arrive à Paris.
1923 : Se marie avec Régine Renchon, surnommée Tigy ; collabore à toute une série de magazines frivoles.
1924 : Écrit *Le Roman d'une dactylo*, le premier de ses quelque cent quatre-vingts romans populaires.
1931 : Publie les premières aventures du commissaire Maigret chez Fayard.
1932 : Quitte définitivement Paris et s'installe en Charente ; commence à entreprendre des voyages autour du monde.
1935 : Devient un des auteurs de Gallimard, chez qui il publiera cinquante-deux titres.
1940 : Est nommé haut commissaire aux réfugiés belges pour le département de la Charente-Inférieure.
1945 : S'installe en Amérique du Nord.
1946 : Change d'éditeur en France et signe un contrat avec Sven Nielsen, qui vient de fonder les Presses de la Cité.
1950 : Divorce d'avec Tigy et le même jour (21 juin) épouse en secondes noces Denyse Ouimet, qui est canadienne.
1955 : Rentre en France et réside sur la Côte d'Azur.
1957 : S'installe définitivement en Suisse romande, sur les rives du lac Léman.
1960 : Préside le XIIIe Festival de Cannes (palme d'or à *La Dolce Vita* de Federico Fellini).
1966 : Assiste à l'inauguration d'une statue de Maigret à

Delfzijl, aux Pays-Bas.
1972 : Prend la décision de cesser d'écrire des œuvres de fiction.
1973 : Dicte *Un homme comme un autre*, la première de ses vingt et une dictées.
1981 : Publie *Mémoires intimes*, son dernier livre.
1984 : Est opéré d'une tumeur au cerveau.
1989 : Décède à l'hôtel Beau Rivage de Lausanne.

BIBLIOGRAPHIE

Pierre Assouline, *Simenon*, édition revue et augmentée, Folio 1996.
Jean-Baptiste Baronian, *Simenon ou le roman gris*, Textuel, 2002.
Michel Carly, *Maigret, traversées de Paris*, Omnibus, 2003 ; *Les Secrets des Maigret*, Bruxelles, Les Amis de Georges Simenon, 2011.
Collectif, *Traversées de Paris*, « Cahiers Simenon 9 », Bruxelles, Les Amis de Georges Simenon, 1996.
Jacques Hillairet, *Dictionnaire historique des rues de Paris*, deux tomes et un supplément, Éditions de Minuit, 1963.
Francis Lacassin, *Conversations avec Simenon*, Monaco, Éditions du Rocher, 2002.
Michel Lemoine, *Paris chez Simenon*, Amiens, Encrage, 2000.
Jean-Marc Loubier, *Georges Simenon-Joséphine Baker, l'amour aveugle*, Acropole, 2000.
Élie Richard, *Le Guide des Grands Ducs*, Éditions du Monde moderne, 1925.
Georges Simenon, *À la conquête de Tigy*, Julliard, 1995.

INDEX DES LIEUX CITÉS

Collection *Le Paris des Écrivains*

1. *Le Paris de Cocteau*, par Dominique Marny
2. *Le Paris de Dumas*, par Claude Schopp
3. *Le Paris de Duras*, par Alain Vircondelet
4. *Le Paris de Prévert*, par Danièle Gasiglia-Laster
5. *Le Paris de Proust*, par Michel Erman
6. *Le Paris de Modiano*, par Béatrice Commengé
7. *Le Paris Gai*, par Robert Olorenshaw
8. *Le Paris de Sartre et Beauvoir*, par Pascale Fautrier
9. *Le Paris de Sagan*, par Alain Vircondelet
10. *Le Paris de Balzac*, par Anne-Marie Baron
11. *Le Paris Surréaliste*, par Gilles Plazy
12. *Le Paris de Molière*, par Jacqueline Razgonnikoff
13. *Le Paris d'Émile Zola*, par Alain Pagès
14. *Le Paris de Hugo*, par Nicole Savy
15. *Le Paris de Simenon*, par Jean-Baptiste Baronian
16. *Le Paris d'Aragon*, par Olivier Barbarant
17. *Le Paris de Baudelaire*, par André Guyaux
18. *Le Paris de George Sand*, par Claire Le Guillou
19. *Le Paris de Malraux*, par Jean-René Bourrel
20. *Le Paris de Céline*, par David Alliot
21. *Le Paris de Musset*, par Sylvain Ledda
22. *Le Paris de Stendhal*, par Philippe Berthier
23. *Le Paris de Cendrars*, par Olivier Renault
24. *Le Paris de Nerval*, par Christian Wasselin
25. *Le Paris de Colette*, par Jacques Dupont
26. *Le Paris de Maupassant*, par Françoise Mobihan
27. *Le Paris de Rimbaud*, par Jean-Luc Steinmetz
28. *Le Paris d'Apollinaire*, par Franck Balandier
29. *Le Paris de Gide*, par Frank Lestringant
30. *Le Paris de Mitterrand*, par Michèle Cotta
31. *Le Paris de Miller*, par François-Xavier Freland.

www.alexandrines.fr

LE PARIS DES ÉCRIVAINS –
ISSN : 2428-2855
ISBN : 9782370890443
Achevé d'imprimer en novembre 2019